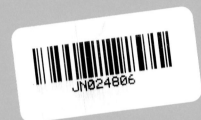

すきなもの たのしいこと A to Z

'80s～'90s 少女カルチャーブック

杉浦さやか

昔も今も「すきなもの たのしいこと」

学生時代の作品の中に見つけた、一通の手紙。

私から教授あてに送られたその手紙は、封筒も便箋も手作りで、
なにかの課題だったよう。

便箋には丸い文字で、将来の夢が書かれていました。

「イラストエッセイをかく人になりたい」

いろんな人との出会いとつながり、
ただひたすらに「好き」という気持ちだけで、
たいして絵のうまくもなかった私が（本当に）
今こうしてイラストエッセイを描いていられることに
クラクラしました。
ずっと、やりたいことはただひとつ。
「すきなもの　たのしいこと」を誰かに伝えたい。
それはもっと前の、手作り漫画雑誌を作っていた
子どものころから変わらない思い。

大学4年生のときに絵の仕事をはじめて、
30年の月日が流れました。
節目の年に、イラストレーターとしてデビューするまでの
少女だったころの「すきなもの　たのしいこと」――
あれこれ思い出しながら描いてみました。

兵庫県姫路市から東京都杉並区に引っ越してきたのは１９８１年、
10歳になる夏でした。
がらりと環境が変わった大きな転機だったからか、
記憶がはっきりするのは10歳から。
それ以前の姫路のときのことも切れぎれには覚えているけれど、
ぼんやり霞がかかっている感じ。

80年代から90年代初頭の、絵を描くのが大好きな
ごく普通の女の子がすきだったもの、こと。
懐かしかったり、ずれを感じてもらったり、
ご自身の少女・少年時代を思い浮かべながら
おつきあいいただけたらうれしいです。

おもちゃの時計
セルロイド人形の復刻版(P28)
レトロ好き中学生のもちもの

もくじ

大好きだった高倉健さんの写真

犬のつめきり
兄からのプレゼント

昔から家にあった羽子板

拾った“こえだちゃん”
キノコのレストラン

テクテク テクテク
「となりのみよちゃん」のはんこ
トナリノミヨチャン

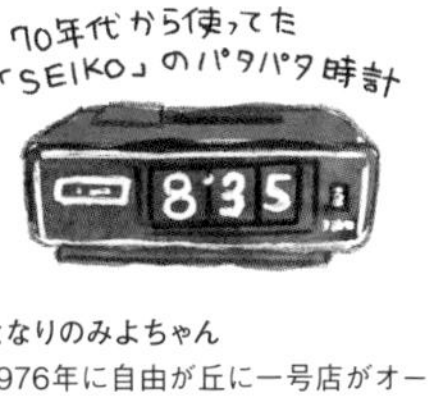
70年代から使ってた
「SEIKO」のパタパタ時計
8:35

となりのみよちゃん
1976年に自由が丘に一号店がオープン。レトロな雑貨や駄菓子を販売。下北沢店に通った。2013年閉業。

「となりのみよちゃん」のきいちのぬりえノート
「大中」（P16）の中国ノート

プロローグ

1981
スヌーピーのデイパック
6つ上の姉、2つ上の兄のおさがり
ルック。襟がどうにも70年代。

1981年から1993年までのことを描いていますが、アルファベットで進んでいくので時系列はバラバラです。あっちこっち時空を超えて、読み進めてください。

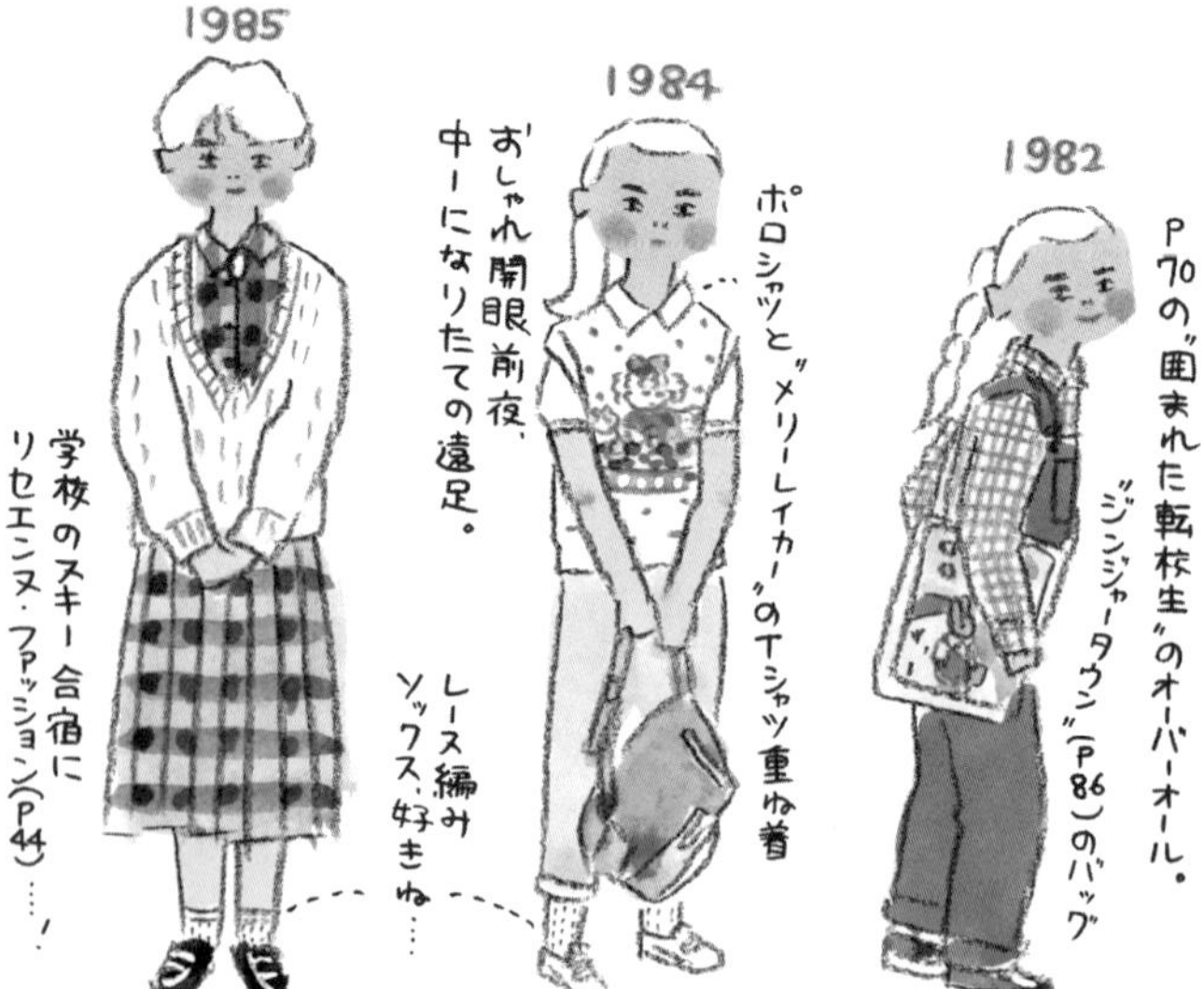
1982
P70の"囲まれた転校生"のオーバーオール。
"ジンジャータウン"(P86)のバッグ
1984
ポロシャツと"メリーレイカー"のTシャツ重ね着
おしゃれ開眼前夜、
中一になりたての遠足。
レース編み
ソックス、好きね……
1985
学校のスキー合宿に
リセエンヌ・ファッション(P44)……！

メリーレイカー
1981年生まれの「学研」のキャラクター。

1987
古着のセーラージャケット(P23)。
ナゴムギャル風(P54)。
1988
「ヒステリックグラマー」のニット
バイト代で「丸井」や
「ラフォーレ原宿」のバーゲンへ。
1989
「SAZABY」のリュック(P62)
若干アメカジ。Pコートもバーゲンでゲット。
1990
大学の入学式、姉のバブルスーツを
借りて……顔と服がコラージュのよう。
1992
シルクスクリーンのインクにまみれる日々。
姉が高校の時に愛用してた、
ヒッコリーストライプのオーバーオール。

1987
16 years old

A

A-KO MUTSU
陸奥A子

Minami
Ninjin Fujin
Kuri
ステキなラブレターのやりとりにしびれる。
かわいい制服…！
着物にかっぽう着♡
S/COMPANY
"S/COMPANY"というA子タン漫画の架空のブランドのバッグ
「ステキなことばかり」
「人参夫人とパセリ氏」
「ため息の行方」

70年代、80年代の少女たちに熱烈に支持された陸奥A子先生。どのコミックスも好きだけど、姉に代わって自分が買いはじめた『ため息の行方』とその次の『流れ星パラダイス』は、特に思い入れがあります（P8のイラストが『ため息の行方』、P9が『流れ星パラダイス』のお話の女の子たち）。

1冊に4〜5本の読み切りが入り、夢見がちな片思いやドラマチックなタイムスリップの物語、まるで上質な短編映画のような味わい。手作りらしき小物がちりばめられた部屋、とびきりかわいいお洋服、絵本のような街並み、すべての絵に物語が宿っていて、どのコマも見逃せない。こんな乙女の宝物が詰まった作品を生み出すのが、私の永遠の目標です。

Lilis
Kiri
Asae
巻末の短編。
各話の
登場人物が
出てくる、
しゃれた
アナザー
ストーリー。
この姉妹の
関係、お部屋、
ファッションに
それは
憧れたな。
「Sweet Party」
「薔薇とばらの日々」
「陽気なブルー・カナリア」
部屋に転がる
巨大ラガディ・アンもどき、
かわいい裁縫箱、
手作りの片恋の
お守り…
Barbie
K&K

RIBON MASCOT COMICS
ため息の行方
陸奥A子

陸奥A子
18歳だった1972年に『りぼん』（集英社）10月増刊号にて「獅子座うまれのあなたさま」でデビュー。連載ものでは『天使も夢みるローソク夜』（1983）が特に好き。『ため息の行方』（1985）、『流れ星パラダイス』（1987）はKindle版で読むことができる。

1985
14 years old

AWAKENING OF FASHION

おしゃれに目覚めるころ

一年前、吉祥寺の井の頭公園で撮った写真。
ALL母が買ってきた服
〝先輩の証〟も吉祥寺で購入。
2年生になったら学生鞄以外のバッグを持っていい、暗黙のルールがあった。

はじめて友達と洋服を買いに行ったのは、中2の初夏のこと。電車で10分の最寄りの繁華街、吉祥寺へ。おしゃれで派手めなMちゃんの手引きで、今もある〝レンガ館モール〟というビルへ。ティーンに人気だった「CABIN」や、お手頃価格の服屋さんがあり、少し前にお母さんと買い物に来たのだそう。

Mちゃんはお店のお姉さんと親しげに会話をし、キャップから薄手のコートまで購入。私は人見知りなうえにショッピングに緊張して、ほとんど喋れなかったなぁ。その日買った服は、まんま同じ組み合わせで、夏の勝負服になりました。

1年後にはひとりで渋谷の「文化屋雑貨店」に通うようになるんだから、中学女子のおしゃれ成長速度は秒速。

アツキオオニシ（ATSUKI ONISHI）
1983年に誕生した、デザイナー大西厚樹（1950〜2004年）のブランド。赤ずきんやアリス、ベア柄のガーリーな服で『オリーブ』少女を魅了した。

CABIN
1971年創業。トラッドテイストなカジュアルウェア。ラガディ・アンの顔を模したキャラクターの広告でおなじみ。2010年に吸収合併され、ブランドは撤退。

KICHIJOJI
タンクトップ2枚セットとショートパンツで、5000円しなかったと思う。
アリスのうさぎ柄シャツも買った。大人気だった「アツキ・オオニシ」のコピーと思われる。
キャップ、コート、オーバーオールとどーんと買っててうらやましかったMちゃん。
M
S
缶バッジ
私はグリコマークのがお気に入りだった。
先輩デビューの布ショルダーは、サンロードにあった雑貨店「モネ」で。
SEIBU SPORTS
ISETAN
SUNROAD
F & F
RENGA KAN MALL
MONET
サンロード
DAICHU
KOKUTETSU
KICHIJOJI Sta.
PARCO
INOKASHIRA LINE
井の頭線沿線に住んでた。
MARUI
ショッパーをつかんで歩くのがナウ。
大好きだった、中国雑貨店「大中」にはじめて行ったのもこのころ。
布ショルダーの次は「大中」のぺたんこバッグ
コンバースのバッシュが大流行。私もバッタもんを買ってもらった……。
INOKASHIRA PARK

BUNKAYA ZAKKATEN
文化屋雑貨店

文化屋雑貨店
BUNKAYA
ZAKKATEN
兄のジャケットと、おさがりのデニム
2階建てアパートの1階部分、2店舗に分かれていて、
行き来するのが楽しかったな。

古くさくてとぼけていて、少し悪趣味、でもかわいいもの——キッチュなテイストのものが大好き。その基盤を作ってくれたのが、「文化屋雑貨店」。

当時渋谷のファイヤー通りにあり、出かけていくのは15歳の私にはかなりの冒険でした。趣味の合う友達はおらず、行くときはだいたいひとりだったから、余計に。「変わってる」と言われるのが、最大のよろこびだったころ。

日本のデッドストック、中国、南米、インドなどからやってきたユニークな雑貨が山と積まれた薄暗い店内。セルロイドの筆箱、レトロなブローチ、インドの教材ポスターなど、おこづかいでちまちまと買ったもの。魔窟の中でひとり、憧れと緊張と宝探しの興奮で、はちきれそうだった。

こんなブローチを制服につけてよろこんでた…。
精一杯おしゃれをして通った中3
大中のバッグ(P16)に文化屋の王冠ブローチをくっつけて。
母のペイズリー柄のシャツとカメオブローチ。
姉のチェスターコート(よく勝手に借りて怒られた)
大のお気に入りだったブーツ
ナゴムギャルみのあった高1
兄のモッズコート
中3か高1のとき、文化屋で人生初の福袋を買いました。
なかみ
1 絨毯のようなドハデシャツ
2 ドハデサンダル
3 ドハデベルト
どれも平凡なティーンには高難度(←でも着た)。これ以来、福袋は買ってない…
ナース、スケーター、バレリーナ…
おそらくケーキにのせる飾り
南米のお祝い飾りのパーツ。通学バッグにつけてた。

文化屋雑貨店

1974年渋谷にオープン。1989年原宿・神宮前に移転。2015年閉店。イベントや、神保町「(元) 鶴谷洋服店」、鹿児島「生活道具デシリットル」、香港・旺角の「香港文化屋雑貨店」などで、オリジナルグッズを買うことができる。

CHEAP SWEETS
いとしの駄菓子

パン・菓子 やなぎ
現在のご近所にある、あのころのままの駄菓子屋さん。遠足の前に娘が友達とくり出している。
レトロゲームが店頭に……

駄菓子屋さんにはじめて行ったのは小学5年生。クラス替えで新しくできた友達、ちょっとおませなYちゃんに連れて行ってもらったのが最初でした。ダメって言われそうだから母には内緒で、おこづかいを握りしめて集合。

古い小屋の中は、赤いふた付きのプラスチック容器やおもちゃのくじが並び、カラフルな色の洪水。姫路時代は近所に小さなスーパーが1軒あるだけだったから、こんな素敵なお店があるなんて……! 子どもだけでおやつを買い食いすることもなかったので、わくわくする気持ちがたまらなかった。

背徳の味・駄菓子、スーパーで買ったスターおやつ、おばあちゃんがくれた缶入りドロップ、父の出張みやげ。懐かしい、お菓子たち。

スポロフーセンガム
江崎グリコが1967年～1998年に販売。スポロ乳酸菌入りのガム。

ドーナッチョ
森永製菓が1980～1988年に販売。

ポーとペーシリーズ
1982年にはじまったグリコ・スポロフーセンガムのおまけ。ハート、星など数種のシリーズがある。

サクマ式ドロップス
佐久間製菓（2023年廃業）の前身企業が1908年に販売。同根企業サクマ製菓のサクマドロップスは健在。

この子、スカートはいてる….
男の子だと思ってた！

ベビースターラーメンは
このキャラ（名前はないそう）
世代。ゲームなどの
懸賞がさかんでした。

口の中が痛くなる、
はじけるキャンディ
ドンパッチ。

ふがしはビニール袋に入れてもらう。

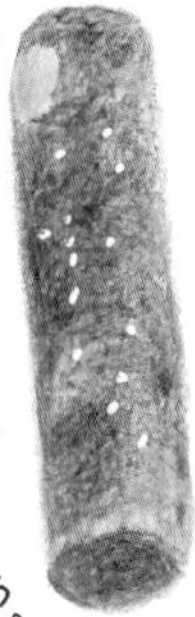

凍らせたあんずボー、大好きだった。

サクマ式ドロップス

祖母が趣味の
パチンコでとって
きてくれていた。
名古屋帰省の
楽しみでした。

グリコ・スポロフーセンガム
型抜きになっている板ガム。

おまけの"ポーとペー"シリーズのファンでした。

大好きだった森永・ドーナッチョ。
ドーナツ型に固められたチョコフレーク。

ザクザクでうまーい

高級だった、グリコ・アーモンドチョコレート。
どこに行っても、父のおみやげはこれ。
ちびちび大切に食べた。

このスライドボックスの特別感よ….！

1986
15 years old

CHINESE MISCELLANEOUS GOODS

中国雑貨が好き

解放帽
いわゆる人民帽。学年一目立つ女子が遠足でかぶってた。
闹钟
フクロウの目が動く、ねじ巻き式の目覚まし時計。
文具
一番買ったもの。
パンダボールペン
コンポジション、ノート風
花柄ノート
日記帳にしてたハードカバーノート
书包
クラシックなスクールバッグがはやっていた。ビニール製で、たしか1980円。
缶ペンケース
鉛筆削り
キミはゾウ‥なのか？
玩具
友達が誕生日にくれたりした。
ハモニカ
レバーを押すと卵が回転して、ヒヨコが出てくる…だけ。箱もかわいい。
布鞋
学校にははいていかないけど、持ってました カンフーシューズ。
スリッポン型もあったね。

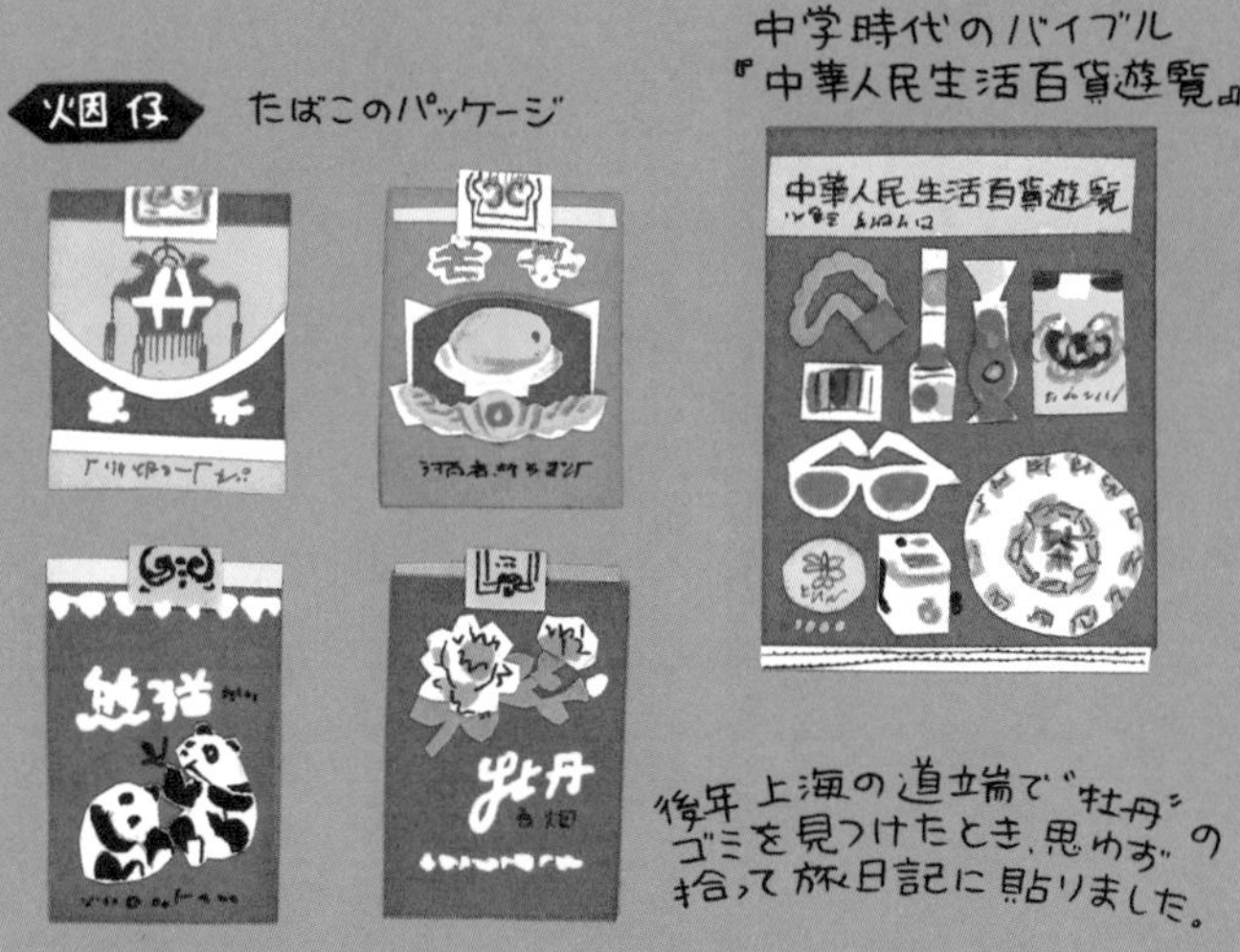
烟仔　たばこのパッケージ
中学時代のバイブル
『中華人民生活百貨遊覧』
中華人民生活百貨遊覧
熊猫
牡丹
後年上海の道端で"牡丹"
ゴミを見つけたとき、思わず　の
拾って旅日記に貼りました。

ざらざらのノート、素朴な器、ブリキのおもちゃ、革のトランク、チャイナパジャマ……中国からやってきた雑多なものがところ狭しと並んでいた「大中」。大好きだった「大中」で一番印象的なのは、中3のときに通学用に買ったビニールバッグ。てかてか黒光りするさまから、友達に「ゴキブリバッグ」と呼ばれていたっけ。

そして中国雑貨好きにさらに火をつけたのは、図書館で見つけた『中華人民生活百貨遊覧』。まだ文化大革命の残り香が漂う、80年代初頭の中国。市井の人々の生活雑貨や、生き生きと暮らす日常の風景がたっぷり載ったこの本に夢中になり、何度も借りたもの（大学生のときに買いました）。今もあのころの中国雑貨に、目がないまま。

中華人民生活百貨遊覧（新潮社）
島尾伸三・潮田登久子著。1984年発行の“とんぼの本”シリーズ。写真に写る街の人、雑貨が本当にいい顔をしてる。著者はしまおまほさんのご両親。

大中
ダイエーグループの事業として、1972年に大阪・京橋に1号店をオープン。2018年に最後の原宿店（1980年オープン）が閉店。

DO! FAMILY

ドゥファミリィ

タグ
365 BUSY DAYS
EXCLUSIVELY PRODUCED BY DO!FAMILY CO. LTD.
ショッパーを含め、かわいいイラストは専務さんによるもの！
誕生日プレゼントはDO！FAMILY
ノベルティのシール
DO!FAMILY CO.LTD.
大学時代もよく着たセーラーカラーTシャツ
4800円
ショート丈のカーディガン。お気に入りだった。
一着ずつバイト代で買いました。
はやっていたアンサンブルのサマーニット
6500円
パリの地図やお花、お楽しみだったショッパー。意気揚々と学校に持っていってたなー。
前髪オールバック
1990
五分袖のボーダーシャツ
気分はジーン・セバーグ!?
社会人1年目で買ったワンピース 13600円
これもジーン・セバーグイメージだったのに、昭和の団地妻風。
1994
母のをもらったかごバッグ
なぜか素足ローファー

mc Sister 1984
6つ上の姉が買っていたころの
切り抜き。リセエンヌ！
まったく色あせないかわいさ。
こんな刺しゅうバッグも。
ほしい～。
近田まりこさんのスタイリング
Olive 1989
リセエンヌ同様、
『オリーブ』が推してた
"カンパーニュ（田舎）
スタイル"。
最高にかわいいけど、
中高生が取り入れるのは
至難のワザ。

80年代なかばにはやった〝リセエンヌ・ファッション〟（P44）にぴったりな、ベーシックで清楚なお洋服たち。同世代の誰もが一度は胸をときめかせた、憧れのブランド。雑誌『mcシスター』や『オリーブ』の中の、ロマンチックなページにうっとりしたもの。

シーズンごとに変わるビニールのショッパー、凝ったノベルティグッズ、洋服のタグ、すみずみまでかわいかった。日本製にこだわり、セールをしないところにも特別感がありました。

それなりのお値段がしたので、中学のころは『mcシスター』の付録のブランドシールを手帳に貼るのがせいぜい。高校生になってバイト代でポツポツ買えるようになり、古着一色になる20歳くらいまで、私の勝負服でした。

fun for every day in the year.
Do! Family

DO!FAMILY
1970年に誕生。1971年に原宿に1号店をオープン。現在も本店は原宿。コンセプトは「何年経ってもまた着たい、着られる服」。

DROPPING IN ON THE WAY
より道

明治神宮の弓道場での試合帰り、代々木の「ファーストキッチン」へ。
タルタルソースのベーコンエッグバーガーのファンでした。

高校はまわりが電車通学な中、私だけ自転車通学で、より道をする機会はごくわずか。一応校則で禁止されており、休み中の部活か試合の帰りくらい。弓道部なので、弓の持ち運びがないときに限る……となかなかの難易度。

それまでそこそこの値段がしていたハンバーガーが、「マクドナルド」のサンキューセットを皮切りにぐっと手を出しやすい値段になったころ。「ロッテリア」もサンパチトリオをはじめて、より道はほぼファストフード。「シェーキーズ」のピザも忘れがたい。チェーン店の宅配がはじまったばかりで、食べ慣れていなかったから。

お小遣いの少なさもあってたいしてできなかったぶん、たまのより道がすごくすごく特別で、うれしかったなぁ。

サンキューセットとサンパチトリオ
「マクドナルド」が1987年に、390円のハンバーガー、ポテト、ドリンクのサンキューセットを発売。「ロッテリア」も同年380円のサンパチトリオを開始。翌年には「マクドナルド」がさらに360円のサブロクセットを発売する、熾烈な闘いに。

「ロッテリア」サンパチセット・600円台が380円に！

lotteria

高校生のころまで、このひつじマーク♡

はじめて食べたファストフードは
'70年代のおわり、姫路の「ロッテリア」。
高校生のときに通ったのも、学校があった
明大前駅の前にあった「ロッテリア」。
それから吉祥寺の「マクドナルド」、
渋谷センター街の「ファーストキッチン」。
めったに行けなかったけど、
「シェーキーズ」のピザ食べ放題は
特別なごちそうだった。
忘れがたい、より道の味。

オープン当初のキャラクター。
裏がメニュー表の下敷きがあった。

ロッテリア

かわいくなくて、かわいい。

「シェーキーズ」
なつかしの
帽子おじさん

SHAKEY'S

SHAKEY'S
PiZZA
シェーキーズ

パスタにピザに山盛り。平たいポテトが独特。

アーリーアメリカン調の
インテリアだった。

EXCHANGE PICTURE DIARY

交換絵日記

1989
S
似たような格好で同じアイドルを
好きだったのに、高校3年間で大きく
好みが分かれたのでした。
1986
1989
K
ミッション系女子校に進学したKは、
きれいカジュアルな女子高生に。
「ラルフローレン」の
シャツ、ソックス。

交換日記は小学校高学年のころに何度かやったけれど、全然続かなかった。中学に入ると男子と交換日記をする友達が出てきて、一度見せてもらったことが。男子、なにも思いつかなかったとみえて、安全地帯の歌の歌詞が書いてあったことだけはおぼえてる。

私にとって交換日記といえば、中2から大学4年まで続いたKとの日記。クラスはちがうけどお互いC-C-B（P24）ファンということがわかり、二人とも絵を描くのが大好きだったので、交換〝絵〟日記をはじめることに。

書くことが好きなもの同士の熱い日記には、そのときどきの好きなものや嫌なことがつぶさに書かれていて、間違いなくこの仕事の原点は、Kとの絵日記だなぁと思うのでした。

C-C-B・英樹と私の妄想結婚式の図(私画)

1985

初期は本当の絵日記帳を使い、内容はC-C-B一色。下は高1のときのもの。Kが描いた右ページは、臨場感あふれる吉川晃司のライブレポート。左は私の『オリーブ』片手に訪れた西荻窪探検記。

C-C-B・関口氏(当時)とKの妄想新婚家庭の図(K画)。描写が細やかで、私よりうまい!

表紙が落書きだらけで持ち歩くのがはずかしかったノート。

17年後に住むことになる西荻窪にはじめて行った日。コートもベースボールシャツも一度も着なかったような……。

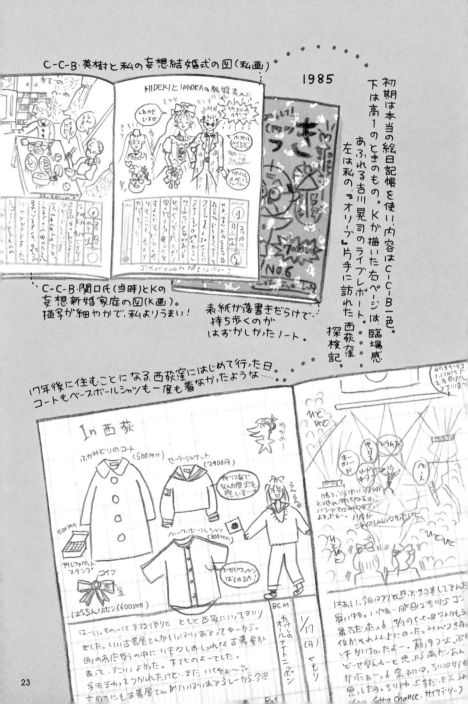

FIRST RECORD
はじめてのレコード

「CANDY」が出た1983年…
正確にはこの年にはじめて
レコードを購入。
「禁区」
中森明菜
友達の誕生日に
明菜ちゃんの
シングルを折半。
2年後に、同じ店で
「CANDY」を
注文しました。
CANDY
「CANDY」 Coconut Boys
(ポリドール 1983年)
大滝詠一みも感じるサーフサウンド…
ハイトーンボイスが冴えわたり、いい曲!

中学時代はまだレコードが主流で、高校のころにCDが普及していった世代。自分ではじめて買ったレコードは14歳、その2年前に発売されたC-C-Bの1stシングル「CANDY」でした。

歌番組「ザ・トップテン」で4thシングル「スクール・ガール」を歌う姿を見て、急激に好きになったC-C-B。「いいなぁ」「なんか気になるかも……」「あれ、かっこよくない?!」と一曲聴く間に、まるで恋に落ちたような感覚になったのでした。ファンクラブに入るほどいれあげたのは、あとにも先にもC-C-Bだけ。

貸レコード店「友&愛」に出入りして、カセットテープにダビングばかりしていた私。大好きなC-C-Bの原点はレコードで、と求めた一枚なのでした。

C-C-B
MAY CLUB
ファンクラブのロゴマーク
Chu(K)
Gomu (G)
Ryu (D)
Hideki (V)
Yone (G)
大好きだった
英樹。誕生日も
おぼえてる。
「スクール・ガール」のジャケ写の
スタイルが、K-POPスターみたい。
筒美京平×松本隆の黄金
コンビによる名曲！
笠くんのサロペット
かわいい。
当時21~26歳の若者たち。

ザ・トップテン
1981~1986年に日本テレビで毎週月曜20~21時に生放送されていた音楽番組。当時の司会者は堺正章と榊原郁恵（後番組の『歌のトップテン』は～1990年）。木曜放送のTBS系列『ザ・ベストテン』（1978~1989年）と双璧を成していた。

C-C-B
1982~1989年・2008~2009年・2015年　ラジオ番組の企画で“和製ビーチボーイズ”として結成された「Coconut Boys」が前身。1985年、ドラマ『毎度おさわがせします』の主題歌「Romanticが止まらない」が大ヒット。

column 1

記録マニア

小５から日記をつけ、中２からスケジュール帳を使いはじめて、
とにかく日々ノートになにかを書きつけてきました。
好きな人日記、自分の一年をふり返る年記に飽き足らずクラスの年記、
友達との交換絵日記、自分の絵日記、旅のしおり。
スクラップ帳もどっさり作って、それこそ“ほとんどビョーキ”の域。
40歳を過ぎて今の家に引っ越してきたときに、
そのノート類を詰めた棚が重みに堪えかねて崩落、大破して、
あわや大惨事になるところでした。
そのときに、大半の日記類を捨ててしまいました。
恥ずかしい過去の日記を捨ててさっぱりしていたのが、
この本を作ることになって、はじめて後悔。
捨てきれなかったノート類で、なんとか書くことができましたが……。

ほとんどビョーキ
1982年にテレビ朝日の深夜番組『トゥナイト』内で山本晋也監督が言い出した流行語。

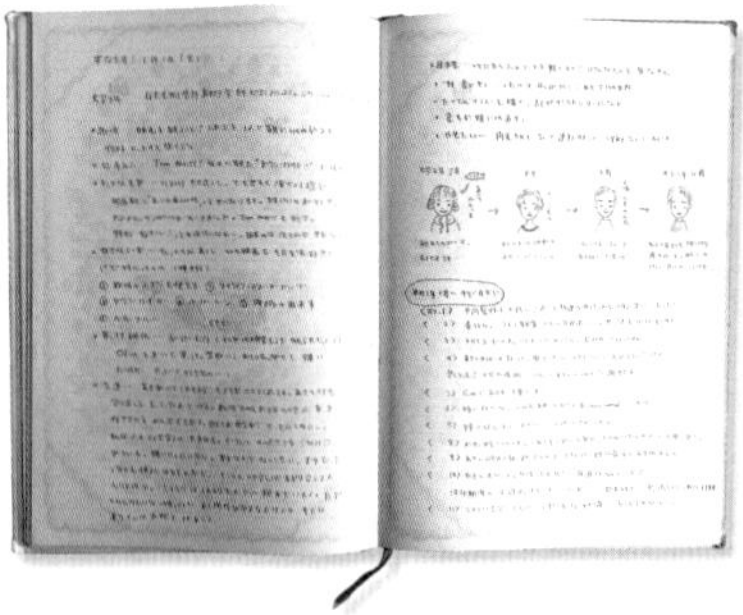

幼少期から持っていたノートに、14歳から26歳まで年記をつけていた。好きな番組や買っている雑誌や、出来事の記録。どんだけ〜。写真は大学2年のときの。

“マイメロディ”のはじめての日記帳。その日の服の記録など、今と変わらない。左は「なかよしフェスティバル」（P56）の日の日記。半年以上あいたり、とぎれとぎれ。

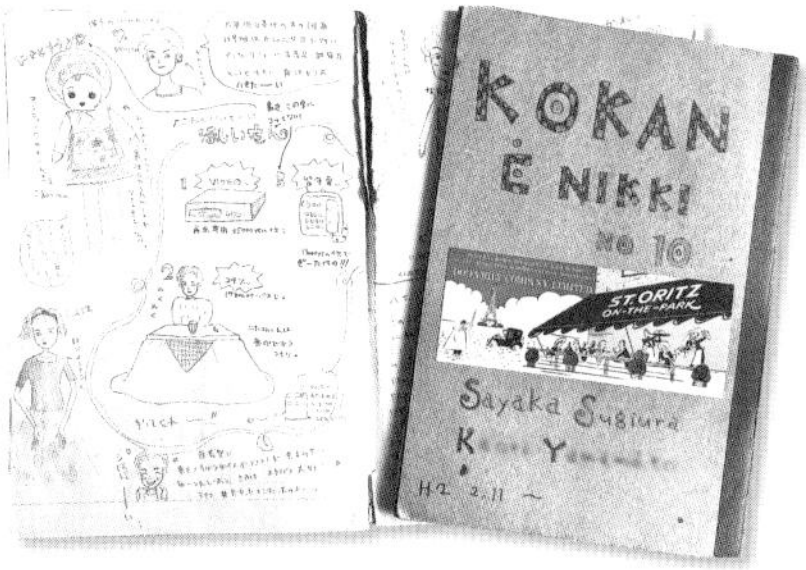

Kとの交換絵日記。中2から20歳過ぎまで続いた。左は大学1年生のときの日記。買ったばかりの文化人形と、欲しいもののこと。

自分絵日記は、気が向いたときに描いていた。右は中2、左は高2。中2の絵の顔は、『mcシスター』のひびのこづえさんのイラストの影響。

スケジュール帳はプチ日記や歌詞、観た映画などなんでもメモ。高2の手帳には、持っているカセットテープや漫画の記録まで。表紙は切り抜きやシールを貼って、ボロボロになると替えていた。

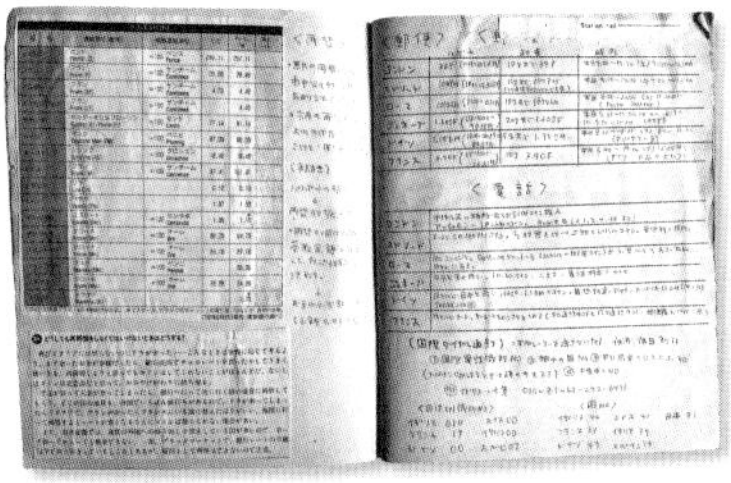

大学4年になる前に行った、初海外旅行のための旅ノート。ヨーロッパ6カ国をまわる旅で、調べること満載。真面目。

中学の修学旅行の、事前学習ファイル。作るのが楽しくて、受験勉強そっちのけで熱を入れました。海外に行くたびに作った旅ノートの原点。

GENERAL GOODS
生活雑貨ことはじめ

第一勧業銀行の"のばらちゃん"
貯金箱、ラガディ・アン＆アンディ、
セルロイド人形の
復刻版。
憧れだったカフェオレ
ボウルとキッチンツール、
そして「デュラレックス」の
グラス。
ニワトリ柄
砂壁につけた棚
6コ1200円のお値うちグラス
福生で買ったデッド
ストックの文化人形
お手製クッションカバー
420円
花びんにしていた
エッグスタンド…
「大中」には
かなり世話に
なりました。
300円

大学入学とともに、実家が千葉に引っ越し。大学の沿線、埼玉県寄りの街でひとり暮らしをすることになりました。バブル期の世とはほど遠い、風呂なし10畳の古アパートは、線路沿いの工務店の2階にありました。銭湯は小学生のころから好きだったので、泊まりに来た友達と連れ立って行くのが楽しかったな。

鍋や食器、天板が花柄の小机など、ほぼ実家からもらったものでのスタート。グレーの砂壁とピンクの絨毯敷き、おしゃれにしようがない部屋だけど、自分だけの小さな城を精一杯飾っておりました。今見るとショボショボだけど、バイト代で少しずつ好みのものをそろえていくのが、うれしくてしょうがなかった。

姉・兄からの引っ越し祝い
「SWIMMER」のマグカップ。
魚モチーフがはやっていた。
お菓子型を3つ買って
並べて飾ってた。
長ーく使ったお魚まな板
実家から持ってきた学習机と、
通販の"「二光」お茶の間
ショッピング"で買った安ベッド。

SWIMMER
キッチュでガーリーな雑貨ブランド。90年代は代官山にお店がいくつもあった。2018年ブランド終了、2020年に別会社で復活している。

「デュラレックス」のグラス
雑貨店「F.O.B COOP」（実店舗は1981~2015年）が80年代初頭に広めた、フランスの業務用グラス。

1983
12 years old

HANDICRAFT WORK
憧れの手芸

キンモクセイをトースターで焼いて、
カラカラにしたミカンの皮と混ぜる。
花びらをトースターで
乾かすって読んだナ…
『すてきなポプリ』
（1981年初版）
熊井明子先生の
本を持っていた
のに、勝手に
アレンジ。
★キンモクセイはドライにすると
香りが飛んでしまう。

専業主婦のお母さんがほとんどだった80年代、どの家にも手芸作品が飾られていました。私の母もレース編みにクロスステッチ、パッチワークと、なにかと手を動かしていました。

小学校高学年のころに大高輝美さんのフェルトマスコット人形のブームがあり、「こんなかわいいの、作りたい！」と作品集のページをめくったもの。ソーイングセットは持っていたけど、しばらく財布作り（フェルトを折って縫うだけ）に熱中したあとはさっぱり。

私でもできるかも……と挑戦したのは、社宅の敷地に落ちていたキンモクセイの花の〝なんちゃって〟ポプリくらい。作ることに憧れたお年頃。母に教えてもらうとこわいので（すぐ怒る）、習う発想がなかったのが惜しまれる。

大高輝美
手芸作家。現在も精力的に活動中。2022年に『大高輝美のコロコロ人形』（オリジナルは1978年初版）がブティック社から復刻出版。

熊井明子
ポプリ研究家、エッセイスト。80年代初頭のポプリブームの火付け役。私の本は、“なかよしホビーランド”という、雑誌『なかよし』から派生したシリーズ。

フェルトの小もの
朝
おサイフ
勉強中
ルームプレート
なんと…タンポンケース

大高輝美さんの本で一番好きだった『フェルトの小もの集』(1981年初版)。
アイデアがすばらしい〜。

Ane
受験生でしたが…
YUKI
こんなのを友達と作った記憶

アップリケのキルティング巾着もはやりました。
姉がよく作って、プレゼントしてた。

9歳の誕生日プレゼント。
宝の持ちぐされ…。
針さしはまだ現役。

今見てもほしい♡

かないともこさんの、粘土のぺたんこ人形もはやった。

フラワーガールのミニパース

ブローチ
サンボンネットスーのおサイフ

現在も手芸品、大好き！
区役所のシルバーの手作り品
売店に通っております。

1983
12 years old

HOMEMADE CLOTHES
母の手作り服

別珍のセットアップ vs
グレーのスーツ・ガールズ

1980
フレアスリーブのブラウス。小6まで着てた。

ボタンの色をブラウスに合わせて、おしゃれ。

← 同じ苦《にが》みを味わった姉。ピアノの発表会で、小3の妹とおそろいを着せられる中3。……よく着たなぁ。

だってこわいもん（母が）

1978
入学式は姉のおさがりの
手作り服。チロリアンテープの
ふちがキュートな、セーラー襟。
失敗パーマの母のレースの
スーツもお手製。
1979
小2のピアノの
発表会のワンピも
かわいかったなぁ。
（姉は水色の
レース布でおそろい）

若いころ、既製品は高くて、服は作るものだったという母。学生時代に身につけた技術で、私たちの服をよく作ってくれました。日常着はもちろん、お正月の晴れ着は必ず手作り。帰省直前に、夜遅くまでミシンに向かっていた姿を憶えています（姑への負けん気で作っていたそう）。おそろいのオーバーオールにケープ、よくあんな難しい服を作ってたなぁ。

最後に縫ってくれたのは、小学校の卒業式のための、黒い別珍のベストとスカート。これがまぁ……嫌で嫌でたまらなかった。みんなパリッとしたかわいいスーツを着ているのに、私ひとり、地味な格好。憶えていないけど、きっと散々文句を言ったのでしょう、その後母が私たちの服を作ることは二度とありませんでした。

ごめんね、お母さん。でもやっぱり、私もグレーのスーツを着たかった。思春期の入り口の、ほろ苦い思い出なのでした。

1993
22 years old

ILLUSTRATION SEMINAR
イラストレーション・ゼミ

辛口だけど、必ずいいところを見つけてくれる。
力が入ってないここらへんがよく描けてるね
先生も51歳とお若いころ。ワークジャケットにボロボロのスウェット、何十年も同じものを着続ける、本当におしゃれな人だった。

「きみはイラストレーターになれるよ」はじめて安西水丸さんに絵を見てもらった日に言われた言葉。それまで小中高と美術は平凡な成績で、予備校でも大学でも、一切先生に相手にされなかった私。ひたすら好きなことを描き続けているだけだったのが、はじめて大人にほめられて、天にものぼる思いだった。ゼミを決めるための、大学2年生の終わりの講評会でのこと。

　もちろん3年生から、水丸先生のゼミへ。課題はほとんどおぼえていないけど、先生の美学のようなものを、雑談の中で感じとることができたことがとても大きい。特に個性のなかった私の絵を「誰にも嫌われないところがいい」と言ってくれた先生。その言葉は私の宝物、指針になっています。

青の時代
安西水丸

安西水丸
イラストレーター。1942年東京生まれ。日本大学芸術学部美術学科卒業。電通のアートディレクターとして働いたのち、2年間アメリカ・N.Y.のデザインスタジオに就職。帰国後に平凡社のADとなり、イラストレーターへ転向。1981年に安西水丸事務所を設立。2014年没。

「Lee」のカバーオールにしわくちゃのシャツ。。
アイロンをかけるなんてせせこましいことはしないよ
新人はよく描かされるから、と大学のある江古田のイラストマップが課題に出た。
自由が丘かどこかのマップみたいだなー
EKODA map
N
E
W
S
IVY
奇をてらわない「普通」が一番
卒業制作はファッションABCブック。枠線はカラートーンを切り貼り、活字はワープロ……！
水丸ゼミは男子多し
生徒が描いている間、先生は仕事をしてた。40人クラス中15人ほどがイラストレーション・ゼミで、一番人気でした。
4年間、同じ教室で過ごすので、クラスはなかよし。

ILLUSTRATOR
憧れのイラストレーター

アメリカのナッツ缶にマーカー
アニエスのボーダーにエッフェル塔ブローチ
美大を目指し、予備校に通いはじめたころ。
『オリーブ』の上田三根子さんのアトリエ訪問レポート。定期的に職業案内特集をやっていて、スタイリストやデザイナー、憧れの仕事を垣間見ることができた。
創刊時の“オリーブ”（『ポパイ』の）の絵以来の、初のイラスト表紙は仲世朝子さん（1988年7/3号）。
Olive
仲世さん以外セツ・モードセミナー出身で、美大卒業後私も行こうと思ってた。
影響を受け、22〜23歳のころ似たような格好をしてた。
『an・an』のチープ特集のMONさんの昭和30sファッション。

セツ・モードセミナー
新宿区にあった美術学校。1954年にイラストレーターの長沢節が開校。2017年閉校。

MON(もん)
1962年生まれ。セツ・モードセミナー卒業。成安造形大学特任准教授。「MONMON BOOKS&GOODS」を主宰。

上田三根子
1949年生まれ。セツ・モードセミナー卒業。LION「キレイキレイ」のイラストで全国民におなじみ。

おしゃれで大好きだった、森本美由紀さん専用の切り抜きノート。
『mcシスター』で手がけた、レトロムード満載のオードリー・ヘプバーン特集
など、記事ごととってあるファイルも。
ポストカードとカセットレーベル
オードリィがおしゃれの先生
AUDREY・HEPBURN
バーゲン!
Bonjour
タマちゃん
矢印で進んでいくまんが「タマちゃん」

80年代の2大ティーンファッション誌、『オリーブ』と『mcシスター』。女性イラストレーターがさし絵をたくさん描いていて、高校生のときに「イラストレーターになりたい」と思ったのは、その華やかな活躍を見ていたから。『オリーブ』の代名詞、仲世朝子さん。両誌で描いていた上田三根子さん、森本美由紀さん。私がマーカーを使っているのは、このお三方の影響。

『mcシスター』で出会ったのが、お便りコーナーの絵を担当していたMONさん。カルチャー要素たっぷりのイラストエッセイを描かれていて、作風で一番影響を受けました。

本当になれるとは思っていなかったけど、諸先輩方への憧れの強さは人百倍。今もその背中を追い続ける日々です。

仲世朝子
1954年生まれ。多摩美術大学卒業後、デザイナーを経てイラストレーターに。デザイナー時代はOSAMU GOODSのデザインを手掛けていた。

森本美由紀
1959年生まれ。セツ・モードセミナー卒業。90年代以降は墨を用いたスタイリッシュなスタイル画を極めた。2013年没。

1993
22 years old

JOB HUNTING
出版社まわり

水丸先生の教え①
電話の前に、いかにその雑誌が好きで仕事がしたいか、手紙を出す。
……そこまではできなかった
水丸先生の教え②
"イラスト"と安っぽく縮めず、"イラストレーション"と正しく言う。
お忙しいところおそれいります
私日本大学芸術学部美術学科
4年の杉浦さやかと申します。突
然のお電話で失礼します。私、イラス
トレーションを描いておりまして
一度そちらの編集部の方

同級生が就職活動をはじめる大学3年生のおわり、私は出版社への持ち込み準備を開始しました。同じ街に住むなかよしのNくんに、「雑誌の記事に自分のイラストをはめてみたら？」とアイデアをもらい、ファイル作りにいそしみました。夢であるイラストエッセイも、数点しのばせて。

春休みは安西水丸先生の紹介の持ち込み。そこから4月にもらえた、小さなカット1点が初仕事でした。自力の持ち込みは、ティーン向け雑誌の編集部をリストアップするところから。話すことを台本に書き、編集部に電話。約束を取り付けて、作品を持って訪問。

10誌ほどまわってポツポツと仕事が入るようになり、こうして在学中に、細々と仕事をスタートさせたのでした。

精一杯きれいなかっこう
区分地図のコピー
B2サイズ
カルトンバッグ
Flash up
既存の記事に自分の絵をあてはめたものは「わかりやすい」と好評でした。
イラストエッセイは大きな紙に描いてた。
初持ち込み後、「うまくアピールできなかった…」と落ち込んでいたら、「お礼の電話で熱意を伝えなよ」とはげましてくれた親友Pちゃん。その雑誌からは一度仕事をもらえた。
また台本を読む……
カラーコピーと連絡先を入れたファイルを置いていく。

KARUIZAWA
思い出の軽井沢

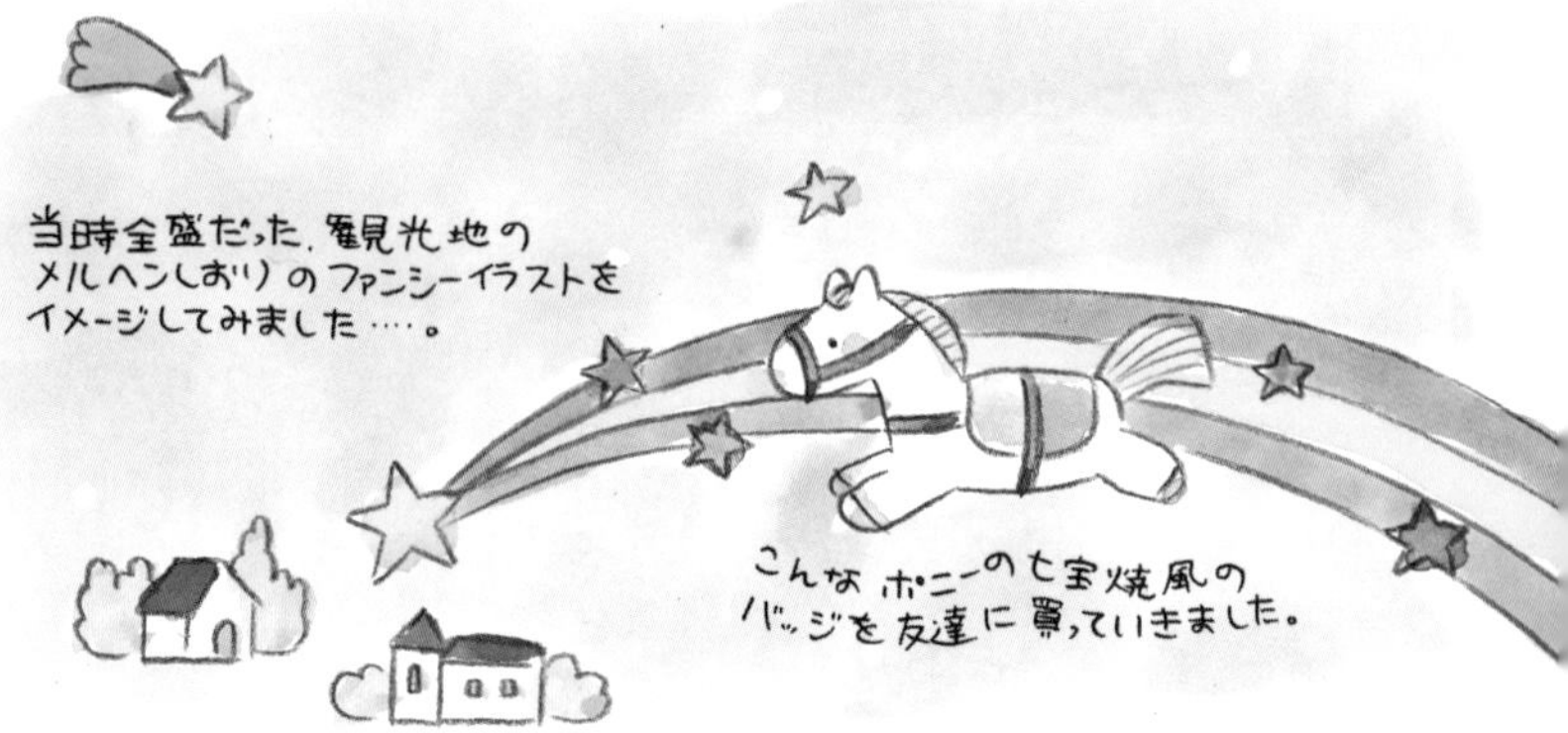
当時全盛だった.観光地の
メルヘンしおりのファンシーイラストを
イメージしてみました…。
こんなポニーの七宝焼風の
バッジを友達に買っていきました。

80年代の人気の旅行先といえば、カラマツの木立に別荘が点在する軽井沢。東京に越した81年から立て続けに3年間、晩秋の軽井沢を訪れました。

父の会社の保養所に泊まり、のんびり散策……とはいきません。スパルタの父がガッチリ予定を詰め込んだ、歩け歩け強行軍。大雨で一羽の鳥も見られない野鳥の森、足をのばした悪天候の白根山で凍えて泣く私、今となっては家族の笑い話です。

ハードなサイクリングのあとに、旧軽井沢銀座でおみやげを選ぶのが楽しみだった。まだタレントショップができる前で、11月の通りはとても穏やか。大人になって何度か訪れているけれど、必ず家族とのひとときを思い出す、懐かしい場所です。

メルヘンしおり
各地の観光地をファンシーなイラストで描いた、しおりや絵葉書のセットがみやげものとして人気を博した。代表的なイラストレーターは青山みるくさんと、高徳瑞女さん。

Karuizawa Station☆
Ani
レトロなニット帽の私
かわいい木造駅舎でした
Ane
高1の姉の格好がヘビーデューティースタイルでかわいい。
Kyū-Karu Ginza☆
St. Paul's catholic church☆
家族で見学した素朴な教会。
現在は「軽井沢タリアセン」に移築された
旧軽井沢郵便局も健在。
木造の建物がたくさん残っていた。
アントニン・レーモンド設計の
「軽井沢聖パウロカトリック教会」

ヘビーデューティースタイル
70年代に流行した、丈夫で実用的なアウトドアアイテムなどを取り入れたファッション。

LATELY BUILT APARTMENT

いまどきのアパート

天井までは中腰の高さ。
下から電話線をのばして、
よく長電話していた。
卒業までの3年間、住んだ部屋
靴
UB
収納
洋室
6帖
ロフトは3.5畳(収納あり)。
このアパートはまだあって、当時63,000円の
家賃が半分になっていた。築35年だもんね。

大学時代、最初の風呂なし物件の次に住んだのが、築3年のきれいなアパート。実家からの援助金は変わらないので、安い物件を探していたけど、予算を1万円オーバー。白い窓枠とはしごでのぼるロフトがひと目で気に入り、勢いで決めてしまった。コンビニのバイトを入れまくって、しのぐことに。

このころはロフト付き物件が流行で、同じ街に住む同級生男子も似たような物件に住んでいました。ロフトに布団を敷いて寝ていたのだけど、熱気がこもって夏はかなりハード。ひと口電気コンロの狭小キッチンに、すぐにシャワーカーテンがカビるユニットバス、極薄の壁……最新アパートも暮らしてみると、けっこう不便。それでもきれいな家がうれしい、お年頃なのでした。

玄関入ってすぐキッチン。
コンロの横が靴箱。
チーズの箱や外国のパッケージ
リプトンのティーバッグの紙をコラージュして、木片を貼った自作アート。
カントリー調の雑貨の中、異彩を放つバリの人形（姉のみやげ）。

酔ったときはキケンなはしご。よくタオルをかけてた。
シルクスクリーンの授業で作ったポスター
この窓が気に入ったのでした。1階で日あたりは悪かった。
再生専用ビデオと母の手作りベア
この部屋のために作ったパッチワークラグ。
床はカーペットでアトピーを発症した……。
押し入れ収納の棚に板をのせたデスク。

LYCÉENNE
リセエンヌ・スナップ

デニムの上下でここまでおしゃれに。
細いロールアップに素足ローファー

1985年の『オリーブ』より。パリの街角にたたずむ栗尾美恵子さん。「エッフェル塔のそばのお土産屋さんで買ったスカーフをしてダボダボのコートを着たら、わたしリセエンヌに見えるかしら」のコピー。同じ号のスナップの〝リアル〟リセエンヌとはかい離しているけど……どちらもかわいい。

『オリーブ』の元祖読モ・栗尾さん。透明感！

1983年に『オリーブ』が提唱した〝リセエンヌ・ファッション〟。『mcシスター』もすぐ続き、85年ごろはリセエンヌ一色。フランスの中等教育課程〝リセ〟（日本の高校にあたる）に通う女子生徒のことを指す言葉で、彼女たちのエッセンスを取り入れたファッションのこと。ベレー帽にプリーツスカート、革リュックのガーリーな学生スタイルと、かなりイメージが先行。

そのころのパリのファッションスナップを見ると、本物のリセエンヌは実に学生らしい、質素な格好。シンプルなデニムとシャツに、スカーフや色合わせでセンスを発揮。そんなパリスナップが大好きで、中高のころのスクラップノートには切り抜きがいっぱい。今なお、心のお手本なのです。

栗尾美恵子
現・Mieko。1969年生まれ。タレント、ヨガインストラクター。1984年から3年間『オリーブ』のモデルを務めた。若花田（現・花田虎上）と結婚、離婚した際の、元オリーブ少女たちのざわめきは相当なものでした。

この1984年の切り抜きのスタイルが好きで好きで。三つ編みに
ステンカラーコート、
ライン入りソックスに
アディダス。
日本での大ブームの前夜、
80年代半ばから「アニエスベー」の〝カーディガンプレッション〟は
リセエンヌにも大人気。
1987年ごろ、ポンパドール+オーバーオールのスタイルが
はやった。かわいい。
日本式リセエンヌに近いスタイル。無造作ヘアに
憧れる……。
自転車もコーディネートの一部。
こんな地味色でかわいくなるの、
すごいなぁ。

column 2

20歳のイラストエッセイ本棚

小学生のころ、父と一緒に訪れていた近所の図書館。
児童室で本を借り、父を探しに行くとたいてい新聞を読んでいました。
その間、私は大人の手芸、生活系の棚をチェック。
西村玲子さんや大橋歩さんのイラストエッセイを借りていました。
雑誌のお便りもイラストエッセイ風のものがあったりと、身近な存在。
高校生になって、私も日記的に描くようになりました。
そのころからの夢は「イラストエッセイをかく人」。
ずっと、読むのも描くのも、好きなもの。

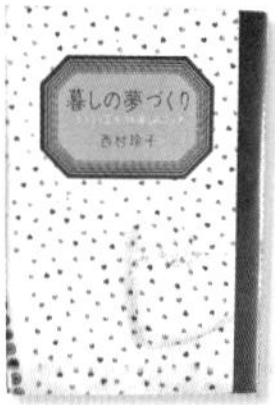

暮しの夢づくり　ヒントと工夫のお楽しみブック
西村玲子　（1982年）じゃこめいてい出版

はじめてイラストエッセイに触れたのは西村玲子さん。私の母と同い年で、当時はご自身をエプロンをしたウサギの“ロンロンママ”として描かれていた。色鉛筆の描彩が有名ですが、このエッセイはモノクロのペン画。スニーカー、箱、ペンキ塗りと、気の向くままのお題と短いエッセイが上品で、お気に入り。

インスピレーション・プレゼントの本
プレゼントのアイデアいろいろ
俣野温子　（1986年）文化出版局

ハンカチや器などのプロダクト作品で有名な俣野さん、本もたくさん出されています。高校のときに図書館で出合った一冊。刺繍や手芸の手作りプレゼントのアイデア集。家庭科は苦手だったけど、この本を見て、白いカーディガンの襟もとにバラの刺繍を入れた思い出が。

長谷川町子
1920~1992年。日本初の女性プロ漫画家。

俣野温子
1950年生まれ。作家、画家、デザイナー。

西村玲子
1942年生まれ。イラストレーター、エッセイスト。著書は130冊以上。2021年没。

のんちゃんジャーナル

仲世朝子　（1988年）マガジンハウス

『オリーブ』の巻末で連載されており、好奇心旺盛な“のんちゃん”が案内人。映画や音楽、古い喫茶店、洋書屋さん、パリ散歩と、のんちゃんの探検に影響を受けたことは山ほど。『ふたりのロッテ』の映画が紹介されれば、レンタルビデオ店に探しにいき、静止画像をスケッチしたり。今読むと、仲世さんの幅広い知識に驚かされる。2巻もあります。

サザエさんうちあけ話

長谷川町子　（1979年）姉妹社

幼いころから親しんできた『サザエさん』。うちあけ話は、『のんちゃんジャーナル』を見て買った記憶があります。イラスト混じりの絵文字文による生い立ち話は、いつ読んでも最高。ときに絵物語、ときに漫画と、表現方法がくるくる変わるのも楽しい。朝日新聞出版から復刻版が出ています。

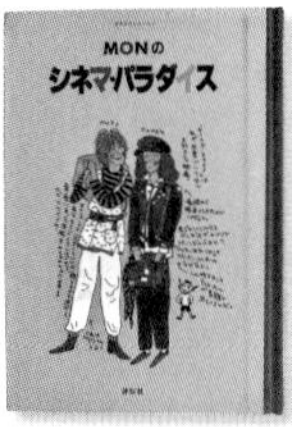

MONのシネマ・パラダイス

MON　（1989年）評伝社

大学1年のときに西武池袋本店の地下の書店「リブロ」でMONさんの『ザ　カリフラワーズトーク2』（1989年講談社）を見つけて以来、著書を追いかけはじめました。字も絵もぎっしりの、友達からの私信のような楽しいエッセイの中、特に好きだったのが映画の話。映画だけのこの本を学生時代に読んで、「いつか映画の本を作りたい」という大きな目標ができました。

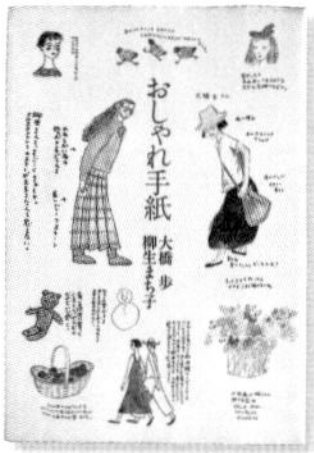

おしゃれ手紙

大橋歩・柳生まち子　（1991年）マガジンハウス

雑誌『クロワッサン』誌上でやりとりされた、柳生まち子さんと大橋歩さんの往復書簡。大橋さんの言わずと知れたセンス抜群な、柳生さんの黒姫山での童話のような暮らしを、垣間見ることができる。手紙形式というのがまた、心くすぐられる。大橋歩さんは姉が文庫版の『トマトジュース』（1982年、親本は1972年）シリーズを持っていて、恋愛の赤裸々な描写にドキドキ。

柳生まち子
1945年生まれ。絵本作家。草花いっぱいの水彩の絵本のファン。

大橋歩
1940年生まれ。イラストレーター、エッセイスト、デザイナー。60歳を過ぎて雑誌『Arne』を立ち上げたり、我らの灯台。

タイトル横は、大好きだった『ザ・カリフラワーズトーク2』MON（1989年）講談社

MC SISTER MODEL
シスターモデル

Kumiko 1988
着まわし特集の
"同じ服でも小物で
着こなしが変わる"
コーディネートレッスン。
ウエスタン小物に、
リセエンヌ風。
ためになるなあ。

姉が買っていたので『mcシスター』との付き合いは足掛け5年。『mcシスター』といえば6~7人いた専属モデル。ファッション以外にも美容やダイエット、あちこちの企画に毎号登場するので、すっかり友達気分で呼び捨て。

私が買いはじめた85年はユエとクミコが人気だった。87年にデビューしたのが、私と同い年のボーイッシュなアヤコ。何を着てもおしゃれにキマり、瞬く間にスターになりました。

『オリーブ』はハイレベルすぎて、毎号買うようになったのは大学生になってから。『mcシスター』はトラッド路線で、中高生でも取り入れやすかった。好きな着こなしをノートにスクラップしまくったので、手もとに現物が全然残らない、真の参考書なのでした。

mc Sister
200TH ANNIVERSARY ISSUE
夏から秋へ、必勝9アイテムで
9

mcシスター
1966年創刊のティーン向けファッション誌（婦人画報社、現ハースト婦人画報社）。mcは兄妹雑誌の『MEN'S CLUB』の略。2002年休刊。

スクラップノートよりー
Yue 1984
可憐で女の子らしいユエちゃん。パリロケのリセエンヌルックは、衝撃のかわいさ。
Kumiko 1985
りりしいまゆげ、クラスにいそうな普通っぽさが魅力のクミコ。大人気でした。
クミコは人気の「DO! FAMILY」のコーナーも担当。永遠に好きな格好だなぁ。
Ayako 1989
飛び抜けたスタイルのアヤコ。ショートカットがかわいくて、切り抜きを美容院に持って行ったな。
Hana
ハナちゃんも同い年。ベルトループにスカーフとか、今見てもステキなスタイリング。

ユエ
優恵。1968年生まれ。モデル・女優。
クミコ
土屋久美子。1969年生まれ。女優。
アヤコ
川原亜矢子。モデル・女優。
ハナ
はな。モデル、ラジオパーソナリティ。

MY INFLUENCER
姉と兄の影響

姉が聴いてた中島みゆきに
母が感銘を受け、よく大音量で
しみじみ聴いていた。
1983
うらみ〜
ま〜す〜
歌詞集
ただいまー…
超亭主関白の夫と受験生を抱えて…

漫画や雑誌、服、6つ上の姉と2つ上の兄からの影響は多大で、中でも大きいのが音楽。私が小学生のころ、姉兄が見ていた『ベストヒットUSA』や、兄の部屋から大音量で聴こえるローリング・ストーンズなどにはピンとこず、好きになったのは国内の音楽ばかり。

姉からのサザンとユーミンと戸川純、兄からのパンクロック、自分で好きになったC-C-Bや有頂天……を同時に聴いていたのだから、中学生のとっ散らかりようってすごい。

高校生になるとさらにバンドブームが盛り上がり、独自路線を邁進するようになったけど、小学校高学年から中学の間に姉・兄から伝授された文化の数々、買ってもらえないゆえの手作り精神は、私の大きな礎になったのでした。

『ベストヒットUSA』
テレビ朝日の音楽番組。1981年〜1989年。司会は小林克也。
ラジオ版での復活を経て、現在BS朝日で継続中。

お手数ですが、
切手を
お貼りください

101-8701

祥伝社　書籍編集部

『すきなもの　たのしいこと　AtoZ』担当 行

※このハガキにご記入いただいた個人情報とご意見は弊社で責任をもって管理し、弊社出版物の企画の参考とさせていただくほか、杉浦さやかさんの新刊情報をお送りすることがございます。

ご住所：

お名前：

ご職業：

年　齢：

メールアドレス：

この度は杉浦さやかさん『すきなもの たのしいこと AtoZ』を
お買い上げいただき、誠にありがとうございます。
アンケートへのご協力をお願いいたします。

この本をお買い上げになった理由に✓印をお願いします。
(いくつでも可)

- □ ①杉浦さやかさんのファンだから □ ②タイトルに惹かれて
- □ ③カバーに惹かれて □ ④内容が面白そうだったから
- □ ⑤新聞・雑誌・Webの広告や記事を見て(媒体名:　　　　)
- □ ⑥書店で見て（書店名：　　　　)
- □ ⑦その他（　　　　)

この本へのご感想・ご意見・さやかさんへのメッセージをお願いします。

杉浦さやかさんの次回作で読みたいテーマは？

※いただいたご感想・ご意見は、新聞・雑誌などを通じて紹介させていただくことがあります。採用の場合は、特製図書カードを差し上げます。

●ご感想・ご意見を本の宣伝・広告等に使わせていただいてもよろしいですか？

□ ①実名で可　□ ②匿名で可　□ ③不可

ご協力ありがとうございました。

Ane 1985
20 years old
80年代の学生らしくテニスサークル所属。
STEREO
サザンオールスターズ
『ステレオ太陽族』(81年/サザンオールスターズ)はカセットで買ってた。『タイニイ・バブルス』(80年)とともに一番聴いたアルバム。
高校の美術部でニューウェーブ洗礼を受けた姉。
中でも私は戸川純にドハマリ。
『玉姫様』(84年/戸川純)
高野文子も「不思議な漫画…」と子ども心に惹かれました。
『絶対安全剃刀』(82年/高野文子)
姉は器用で、スカートもラケットカバーもお手製。
Ani 1986
17 years old
小学校時代のボーイスカウトのバッグを、軍モノ的に使用。
ガーゼシャツと安全靴の、パンクス都立高生。1000円の古着デニムを細身に(自らミシンで)。
ギターのNAOKIが好きだった
THE BLUE HEARTS
『LAUGHIN' NOSE』(85年/ラフィンノーズ)
『THE BLUE HEARTS』(87年/ブルーハーツ)
ライブは苦手だけど、ブルーハーツだけは高校時代に何度か行った。
ラフィンを思わせるバンドが出てくる漫画『TO-Y』(85年~87年/上條淳士)は、兄が全巻買っていた。

MY ROOM
私の個室
段ボールはクラフト紙を貼って統一。
制服
猛犬注意
デスクの上、天井近くには"営業中"の札。
近所の量販店でもらってきた、カセットテープのショーケースを飾り棚に。
「サンアロー」のウサギは現行商品よ！
座ぶとんを布でくるんだだけ
アイスクリームがくっついたセーターがお気に入り。
キャスター付きおもちゃ箱を横にして、まんが棚に。
The. 座椅子

私の個室

『私の個室』
1983年創刊の、雑誌『美しい部屋』のティーン版（主婦と生活社）。少し後に出た『ティーンの部屋』（学習研究社）と人気を二分。1992年休刊。

デスクの上
コアラ爺の郵便配達…？なぞのキャラペン立て。
缶バッジ
人形やびんの下に布を敷くの、今もついやりがち。

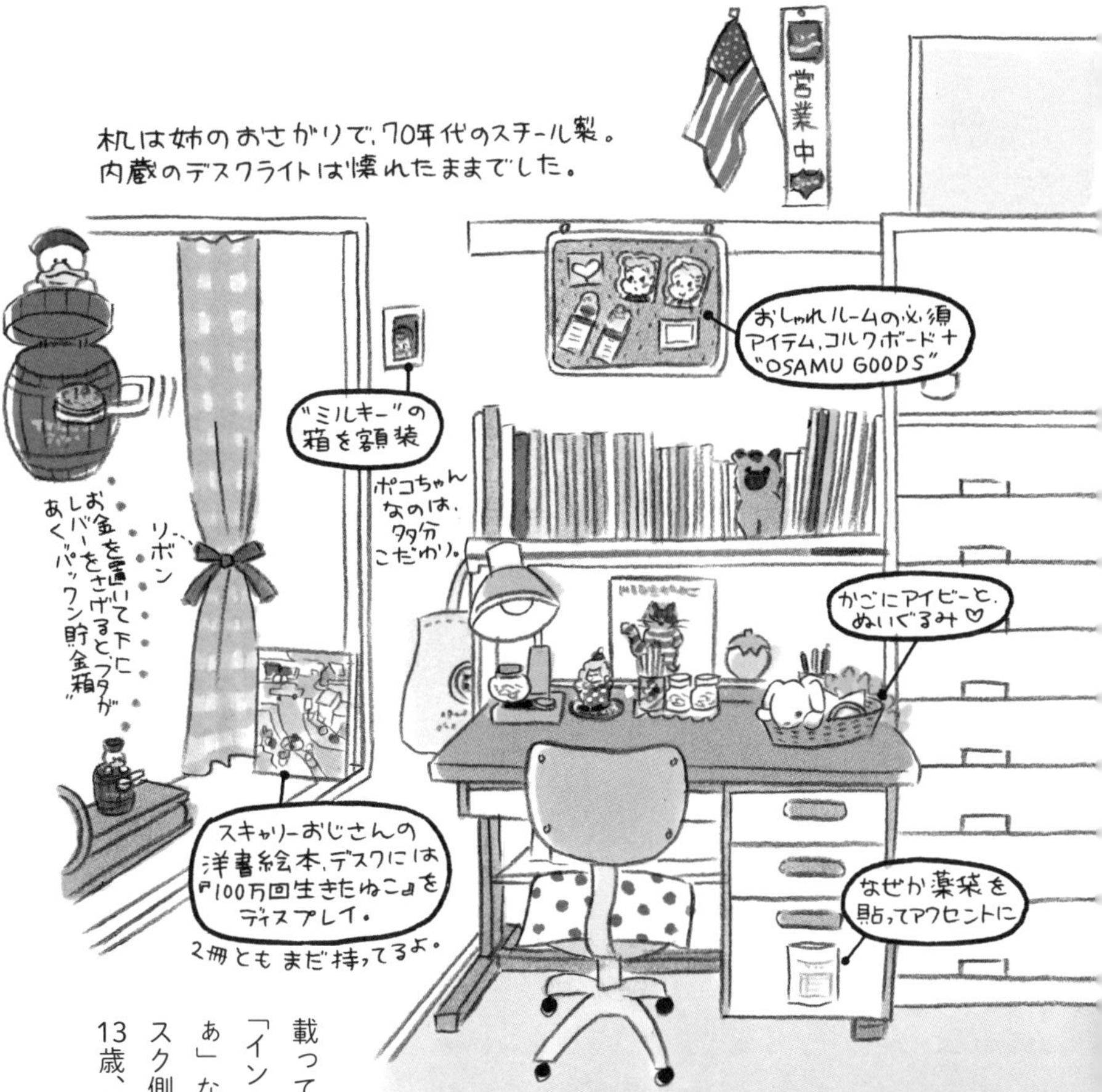
机は姉のおさがりで、70年代のスチール製。
内蔵のデスクライトは壊れたままでした。
営業中
おしゃれルームの必須アイテム、コルクボード＋"OSAMU GOODS"
"ミルキー"の箱を額装
ポコちゃんなのは、多分こだわり。
かごにアイビーと、ぬいぐるみ♡
"お金を置いて下にレバーをさげるとフタがあくパックン貯金箱"
リボン
スキャリーおじさんの洋書絵本、デスクには『100万回生きたねこ』をディスプレイ。
2冊ともまだ持ってるよ。
なぜか薬袋を貼ってアクセントに

18歳までずっと、兄か姉との二人部屋。幼いのころのノートには、ゴージャスな夢の部屋の絵が並び、個室に強い憧れを抱いていました。

小物を並べたり片付けをすることは好きだったけど、漫画家という夢を揺るがす存在となったのが、ティーン向けのインテリア雑誌『私の個室』。個室はあっても大体は和室。砂壁や畳をいかに隠し、押し入れをかわいくアレンジするかに情熱を注ぐ、全国の少女たちの部屋の実例が載っていました。夢中でむさぼり読み、「インテリアコーディネーターもいいなぁ」なんて、姉との部屋の、自分のデスク側のテリトリーを飾り立てたもの。13歳、精一杯の〝私の個室〟なのでした。

NAGOMU GAL
ナゴムギャル

S
Y
ドキドキ……
Shinjuku Loft
場ちがい中学生…
竹下通りで買ったペラッペラのダッフルコートと、なぞの"H"レタードスウェット。
Yちゃんちには ビデオデッキもファミコンもあり、時々「スーパーマリオブラザーズ」をやらせてもらった。

兄が読んでいた雑誌『宝島』。時は1986年、インディーズシーン華やかなりしころ。『宝島』によく載っていたバンド「有頂天」のビジュアルに惹かれ、ボーカルのケラのファンになった中3女子。同じくファンのおしゃれなYちゃんの手引きで、受験直前にはじめてのライブハウス「新宿ロフト」へ。

そこにいたのはたくさんの〝ナゴムギャル〟。ケラが主宰していたインディーズレーベル「ナゴムレコード」のライブに来る少女たちの俗称で、いわゆる〝バンギャ〟。ほとんどが十代と若年齢で、ファッションが様式化されていました。私は覗き見するだけだったけど、一時期憧れて、竹下通りで安い服を買い、雰囲気だけ真似をして満足していたっけ。

『宝島』
JICC出版の雑誌。1973年創刊、2015年休刊。10年毎にコンセプトが変わり、80年代はサブカル情報誌。その後アダルト誌、ビジネス誌と変遷。兄が熱心に買っていたのはA5版の小さいころ。

2
宝島
日本ロック・データ・ファイル
戸川京子VS
サンプラザ中野
チープウェア大図鑑

竹下通りで買った
7000円のペラペラ
スーツ。ハデすぎて
数回着たのみ
(安物買いの銭失い)。
高1
はやりのデカ襟シャツ1980円
足もとがどうにも…
「ハルタ」のローファー

The Nagomu-Gal ★
パッツン前髪に
ツインテール、丸メガネ
「ヒステリックグラマー」の長袖シャツに
でっかいペンダント(ピースマークなど)。
トランク
カットオフデニムと
ニーハイソックス
頭頂部を結ぶ
"大五郎ヘア"がはやった。
底のぶ厚い
"ラバーソール"
先のまあるい"おでこ靴"
メジャーデビュー1st.アルバム『ピース』(86年/有頂天)
その後ナゴムのバンド「カステラ」→
「The ピーズ」と
好きになっていった。

有頂天

ナゴムレコード
現ケラリーノ・サンドロヴィッチが主宰していたインディーズレーベル。在籍アーティストは「人生」(のちの「電気グルーヴ」)、「筋肉少女帯」、「ばちかぶり」、「カステラ」など。

1983
12 years old

NAKAYOSHI

『なかよし』少女漫画雑誌入門

切手を
送るともらえる
全プレ
ソーイング
ポーチ付き

しいちゃまの『ほほえみZOOミング』
手作りマスコットセット。
切って縫い合わせるだけ。
'82年5〜6月号連続企画。

裏の広告が楽しい!
ショート前のキョンキョンと、
堀ちえみちゃんの「グリコ」。
いでまゆみ先生の絵の
'83年1月号

『なかよし』の表紙、連載のカラー表紙の
切り抜きが何枚か残っています。

私が低学年のころから、姉が買っていたのは『りぼん』。一条ゆかり先生の「砂の城」や太刀掛秀子先生の「花ぶらんこゆれて…」など、すごく大人なイメージがあった。

自分で毎月買いはじめたのは小4で、デビューは『なかよし』。同じ社宅アパートの子の『花とゆめ』と、交換して読んでいたな。当時人気だったのは『こっちむいてラブ!』のあさぎり夕先生、『思いっきりピーマン』のいでまゆみ先生。

ファッショナブルないで先生の漫画のファンで、サイン欲しさに小6の夏休みに〝なかよしフェスティバル〟に友達と二人で出かけたのが最大の思い出。会場の「松坂屋銀座店」(2013年閉店)まで、最寄駅から渋谷、さらに地下鉄に乗り換えての大冒険。原画コーナーで生原稿を拝み、楽しい催しが夢のようだった。フェスティバルで燃え尽きたのか、わりとすぐに『りぼん』へとシフトして、漫画家への夢をふくらませていったのでした。

たかなししずえ
1975年『なかよし』でデビュー。『おはよう!スパンク』(1978〜1982年)はアニメ化された。愛称はしいちゃま。

なかよし
講談社の月刊少女漫画雑誌。1954年12月創刊。現在発売されている漫画雑誌の最古参。あべゆりこ先生の『わんころべえ』は1976年1月号から、現在も連載中。『りぼん』(集英社)は1955年創刊。

開店2時間前から並んで整理券をゲットした、人生最初で最後のサイン会は、「ありがとうございました!」と声をしぼり出すので精一杯。

小椋冬美
1976年『りぼん』でデビュー。『Micky ミッキー』(1981年)が大好きだった。

いでまゆみ
1977年『なかよし』で16歳でデビュー。絵がおしゃれで憧れました。愛称まゆたん。

あさぎり夕
1976年『なかよし』でデビュー。愛称は夕くん。1990年代にBL漫画に進出。2018年没。

OLIVE STYLE OF CHEAP CHIC

『オリーブ』とチープシック

1986年6/3号
包み紙やレースペーパー、紙コップの帽子！
¥1900
1985年6/18号
帽子、デニム、靴がキッズ服。古着のセーラーシャツをうしろ前に着て。
キッズベレー帽
¥1500
¥3900
¥650

ハイセンスすぎて、中高生の私には別世界だった雑誌『オリーブ』。大学生になって毎号買うようになり、20代前半は熱心にバックナンバーも集めていました。きっかけは大学3年のときに、バイト先の5つ上の先輩に昔の『オリーブ』を譲ってもらったこと。かつて憧れて届かなかった世界の、なんとかわいいこと。少し遅れて、たくさんの影響をもらいました。

10代半ばだった当時も気になる号は買っていて、特に必ず手が伸びたのが、〝安いもの特集〟。お金がなかったのはもちろん、アイデアが満載。今見ても、安いのにこんなに素敵！　という興奮と、ちょっと無茶な感じがたまらない。すみずみまでかわいくて切り抜けない、特別なおしゃれの教科書なのです。

1986年6/3号で「フクスケ」の
白トランクスを、レースや刺しゅうで
ロマンチックにリメイク……！
1988年8/3号
ベリーショートにジャンパースカートがかわいい。
カーディガンを
カシュクールに
巻きつけて。
¥200
(ナイス)
¥900
(ドウ
ファミリィ)
¥1900
(CABIN)
『オリーブ』の
真のスターは
スタイリストさん。
みんな大好き
岡尾美代子さん、
誌面にも登場。
¥2800
(古着)
1987年4/18号
町の洋品店、
靴屋さんで
かわいいものを
見つける！という
宝探しは
『オリーブ』から
学んだ性（さが）。
¥1200
¥1480
(大中)
¥1200
(大中)
¥1280
I LOVE JEANS
「大中」のかごに
青いビニールテープで
刺しゅう。
北千住の傘店、
カバン店
¥1000
¥140
スカーフ¥400

オリーブ
マガジンハウス刊行のティーン向けファッション雑誌。1982年創刊、2003年休刊。“3日と18日はオリーブの日”と月に2回刊行だったが、2000年の一時休刊後、月刊誌に。ロマンチックと夢を少女に与えた、唯一無二の雑誌。

岡尾美代子
スタイリスト。鎌倉で友人とデリカテッセン「DAILY by LONG TRACK FOODS」を営む。著書に『センスのABC』（平凡社）など。

PART-TIME JOB
楽しいアルバイト

Jポップ最盛期、
8cmの
シングルCDの
レンタルもよく
さばいたなぁ。
入ったころはシャーデーや
バーシアなど、ソフィスティケイト
ボーカルがメイン。少しずつ
かわいい系へシフト。
仕入れはよく池袋「WAVE」に行っていた。

高校、大学といろんなアルバイトをしたけれど、一番長く続いたのが、大学の正門前にあったレンタルCD店。ジャズ、ロックなど仕入れから棚作り、ポップ書きと音楽のジャンルごと、学生バイトに任せてくれるのが楽しかった。友達の紹介で、私は女性ボーカルコーナーで応募。全然くわしくなかったけど、働きながら勉強していきました。イラストを添えたポップ作りは、今につながるいい練習になりました。

渋谷系の音楽が盛り上がっていて、60〜70年代のフレンチポップスやソウルミュージックが流行っていたころ。音楽サークル在籍の詳しい人が多く、コアな品揃えが自慢だった。ほぼ洋楽を通ってこなかったけど、ここでいろんな音楽を教えてもらいました。

ワープロ（ワードプロセッサ）
文書作成編集機。現在のワードソフトの機械版。1978年日本語機が発売、2003年に全社撤退。バイト先で使っていた「パナソニック」の“U 1-PRO”を、2000年代に入っても愛用していた……。

池袋WAVE
セゾングループが1989年にオープンした6階建ビルのレコード、CDショップ。西武池袋本店に移転後の2009年閉店。

クロディーヌ・ロンジェ『恋は水色』(68年/89年再発)渋谷系の姫、カヒミ・カリィも影響を受けた、ウィスパーボイス。

バイト中好きな
CDをかけながら、
ワープロでポップの
制作作業。

渋谷系の台頭とともに盛りあがっていた、フレンチポップス。セルジュ・ゲンズブールプロデュースのジェーン、シャルロットから、和製フレンチポップスのクレモンティーヌまで。

クレモンティーヌ『アン・プリヴェ〜東京の休暇』(92年)

ジェーン・バーキン『コワ』(91年/ベスト盤)

シャルロット・ゲンズブール『魅少女シャルロット』(86年/91年再発)

フランス・ギャル『夢みるシャンソン人形』(89年/ベスト盤)フランス・ギャルはドイツ盤に5枚組ボックスも買って、けっこうハマった。

同じバイトのジャズとソウル担当のAくんとつきあいはじめて、さらにコーナーに広がりが。

ローラ・ニーロ『ゴナ・テイク・ア・ミラクル』(71年/90年再発)

ミニー・リパートン『パーフェクト・エンジェル』(74年/88年再発)

『サラ・ヴォーン・ウィズ・クリフォード・ブラウン』(54年/90年再発)

ブロッサム・ディアリー『ワンス・アポン・ア・サマータイム』(58年/92年再発)

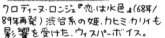

QUALITY BACKPACK
高級？リュックサック

ワンレン流行中
修学旅行バッグいろいろ
"セカンドバッグ"(当時はこう呼んだ)多し
「クレージュ」は何人かいたな。
「SAC」のビニールショルダー
お金持ちの子は本革…三角マーク?! なんと「プラダ」。
アメカジブームで「L.L.Bean」のトートの子もいた。おしゃれ。

戦中生まれで、家計の苦労を味わって育った両親は、お金にはかなり厳しかった。母と忘れられないけんかをしたのは、高校の修学旅行のためのバッグを買ったときのこと。

吉祥寺で探しまわり、たどり着いたのは百貨店の「伊勢丹」。バッグ売り場で、「SAZABY」の革のリュックに目が留まりました。「わぁ、ランドセルみたいでかわいい！」たしか8千円台で私には思い切った金額だったけど、アルバイト代をはたき、意気揚々と買って帰りました。

それに対してまぁ、母が烈火のごとく怒った。「返品しなければ、修学旅行のお金は出しません！」高校生の分際で、百貨店で何も考えずにポンと買ったことが許せなかったのだと思う。家庭教師のバイトを掛け持って苦労して大学を出た母だから、怒るのも無理はない。でも当時は、自分のお金で買ったのに……と納得ができなかった。結局ギリギリで折れてくれて、旅行にも無事に行けたけれど。ずいぶん大人になるまで、このときの母の思いを汲み取ることができなかった。リュックをうれしそうに背負う写真を見ると、少し胸が痛むのでした。

リュックを買って一年後の当時の絵日記より
絵の勉強に描いてたイラストエッセイを再現
My favorites
SAZABY リュック
革は表面のみで、あとはナイロン。ハトメが当時の「SAZABY」っぽい！
修学旅行のために買ったリュック。これで母と大ゲンカしたのだ。
Cherry Cup
お気に入りカップを母がわってしまい、買ってくれた。永福町の"LITTLE ROCK"で。
Ochazuke
姉のおさがりセーター＋プリーツの組み合わせも好き♡
岡崎京子さんタッチが少し入ってる…？
Pretty!!
18のB.Dにちさ、えーちゃん、ゆっきーにもらったお魚イヤリング
Heart Ring
これもたんじょうびにもらった
昔母が買ってくれたブーツ。相当年季が入っているが、渋くてよい。

伊勢丹吉祥寺店
1971年に現「コピス吉祥寺」の場所にオープン。2010年に閉店。新宿に比べると規模が小さく敷居は低めだったけど、母にとっては"最高級百貨店"。

SAZABY（現The SAZABY LEAGUE）
1972年、ヨーロッパのユーズド家具の輸入販売からはじまり、オリジナルブランド「SAZABY」をスタート。「Afternoon Tea」など多数のブランドを経営。2021年にバッグブランドとしては終了。

RADIO-CASSETTE RECORDER
ラジカセと私

杉浦家の"ウォークマン"
AIR CHECK
OK
Cassette Boy
ロゴも攻めてる
「アイワ」
カセットボーイ
「アイワ」ダブルラジカセ。
スピーカーをはずしても、
かなりでかいぞ……。

家族のおしゃべりを制止して、テレビの歌番組を録音していたのが、ラジオを聴くようになって一変。日曜の午後は、文化放送の『決定!全日本歌謡選抜』に張り付いていました。ベスト50の発表の中、新曲を録音して何度も聴いて歌詞を書き取る。最新曲は、ほぼこの書き起こしでおぼえていました。

中学生になるとダブルラジカセがやってきて、テープのダビングができるように。スピーカーが取りはずせるタイプで、ウォークマンなど夢のまた夢だったわが家、兄は祖父母宅への帰省時にはデッキだけ携帯し、新幹線で聴いていたっけ。姉がその後、安価な〝カセットボーイ〟を購入。修学旅行の時に借り、当時の持ち物メモにはしっかり〝ウォークマン〟と書いてあるのでした。

決定!全日本歌謡選抜
文化放送で1976年～1990年まで続いたラジオ番組。当時のパーソナリティは小川哲哉さん(～1988年)。1982年よりトヨタの一社提供。

カセットボーイ
アイワが1980年に発売。ソニー"ウォークマン"(1979年発売)の3～4万円より、安価で買えた。

日曜日の昼下がりー
松田聖子「天国のキッス」の
歌詞、聞きおこし中。
英語部分は空耳しつつ、カタカナ表記。
たまに友達に借りる『ヤンソン』で
正解がわかる。
kiss in blue heaven
キーッシーンブー
ヘーブン…と
再生は
大ボタン。
録音はオレンジ
ボタンも一緒に
押しこむ。
YOUNG SONG
1983年3月号
ウォークマンとともに
ほほえむマッチさん。

ヤンソン（『Young song』）
集英社のアイドル雑誌『明星』（1952年創刊）
の付録。ヒット曲の歌詞や楽譜が載った歌本。
2010年廃止。

REVIVAL HOUSE
名画座にて

ACTミニ・シアター
せまい階段を2階にのぼり、靴を脱いで下足札をもらう。
8
友達2~3人で連れ立って。
CITY ROAD
7
情報誌『シティロード』から、観たい映画を手帳に写していた。

一生で一番映画を観たのは大学時代。「シネスイッチ銀座」に渋谷スペイン坂下の「シネマライズ」、ミニシアター全盛期だったけど、欲張りな私が通ったのは、2~3本立ての名画座。

よく訪れたのは大学最寄りの繁華街の池袋か、高田馬場。どの劇場も設備は古く、椅子がギシギシでおしりが痛くなった記憶はあれど、詳細はおぼろげ。そんな中で忘れられないのが、「ACTミニ・シアター」。

高田馬場駅から、早稲田通りをひたすら歩くこと10分強。雑居ビルの2階にあった小さなシアターで、靴を脱いであがり、絨毯敷きの床に置かれた座椅子に座る。ここでの映画体験は、かなり強烈。半日どっぷり映画に浸かって過ごした、贅沢な日々でした。

ACTミニ・シアター
1970年代に開館、2000年閉館。同経営の池袋「ACT SEIGEI THEATER」にもよく行った記録があるけど（椅子席）、こちらはおぼえていない。

『シティロード』
エコー企画から1971年に創刊。『ぴあ』と並ぶ情報誌で、よりマニアックだった。1994年休刊。

中は3段くらいのひな段状で、
座イスは30くらい？
3本立てや、オールナイト上映も。
ルイ・マル監督の『五月のミル』
（90年）目あての、3本立て。
同じフランス映画の
『ロザリンとライオン』
（89年 ジャン＝ジャック・
ベネックス監督）は
わかるが、もう一本が
『タクシー・ブルース』（90年）
というソ連の映画。
意外な出合いが
おもしろかった。
3本で
1300円。

足がにおう人がいると
ヒサンだった。

好きな姿勢で観られるけど、
さすがに3本目はキツかった。

スパイク・リー監督の
『シーズ・ガッタ・ハヴ・
イット』（85年）、デヴィッド・
リンチ監督の『ブルー
ベルベット』（86年）、
ガス・ヴァン・サント監督の
『ドラッグストア・
カウボーイ』（89年）……
体力勝負の3本立て。

キャンドルだらけの
おしゃれベッド

大好きなエリック・ロメール監督の
映画をはじめて観たのも
ここ。『春のソナタ』
（90年）などロメール
3本立て。

column 3

東京のおのぼりさん

1981年に東京に引っ越してから、
家族でよく東京見物にくり出しました。
高校生だった姉は家族で出歩くのを嫌がり、
たいがい両親と兄と私。
私が中学に入るまでの3年間は、本当によく歩きまわりました。
愛知の祖父母やいとこが遊びにきたら、水上バスに乗って浅草へ。
原宿の歩行者天国で、傍若無人な父が竹の子族やローラー族の
踊りの輪を横断しようとして、あわてて止めた記憶が。
そんなふうに毎週のように近所から遠出まで出かけていたおかげで、
自然と高校生になると自分であちこち出歩くようになりました。
東郷神社の骨董市や、開発前のお台場の公園に遊びに行ってみたり。
東京散歩が好きになったのは、家族でのおのぼりさんツアーのおかげ。

ローラー族
1950年代のアメリカをモチーフに踊る集団。原宿の“ホコ天”（歩行者天国）は1998年廃止。

竹の子族
竹下通りのブティック「竹の子」のド派手な衣装を着て、ディスコミュージックで踊る集団。

右と同日の旧原宿駅。人混みにうんざりする、
三河っ子のおじいちゃん。明治神宮へ初詣。
大正13年築の駅舎は、2020年に解体された。

1983年1月。祖父と新宿へ（上も）。2022年に
閉館した、小田急百貨店本館。つくば万博の
開催日カウントダウンの電光掲示板が見える。

1984年4月。一般公開していなかったころの迎賓館赤坂離宮。偶然写り込んだ見知らぬ女性が、ものすごく80年代のいい女風。

1984年1月。神宮外苑の銀杏並木。家族のお出かけも時々背広姿の父。並木道の奥にある聖徳記念絵画館(明治天皇関連の絵画館)を鑑賞。

1983年4月。議事堂から桜が満開の千鳥ヶ淵へ。ボートは見るだけで乗らせてもらえず。遠くに見える塔は、国立近代美術館の旧工芸館。

1983年4月。外から見ただけの国会議事堂。この夏、議員秘書をしていた友人の父上のお招きで、議事堂内の古い屋外プールで泳いだことが。

1984年1月。浅草花やしき。1960年設置の「人工衛星塔」、1987年におうち型ゴンドラの「Beeタワー」になり、2016年に廃止。

1983年6月。東京タワーの展望台2階。「づつうにケロリン」の広告(余談:私のシャツと靴は兄の制服のおさがり)。下りは階段で降りた。

SCHOOL LUNCH

給食・カルチャーショック

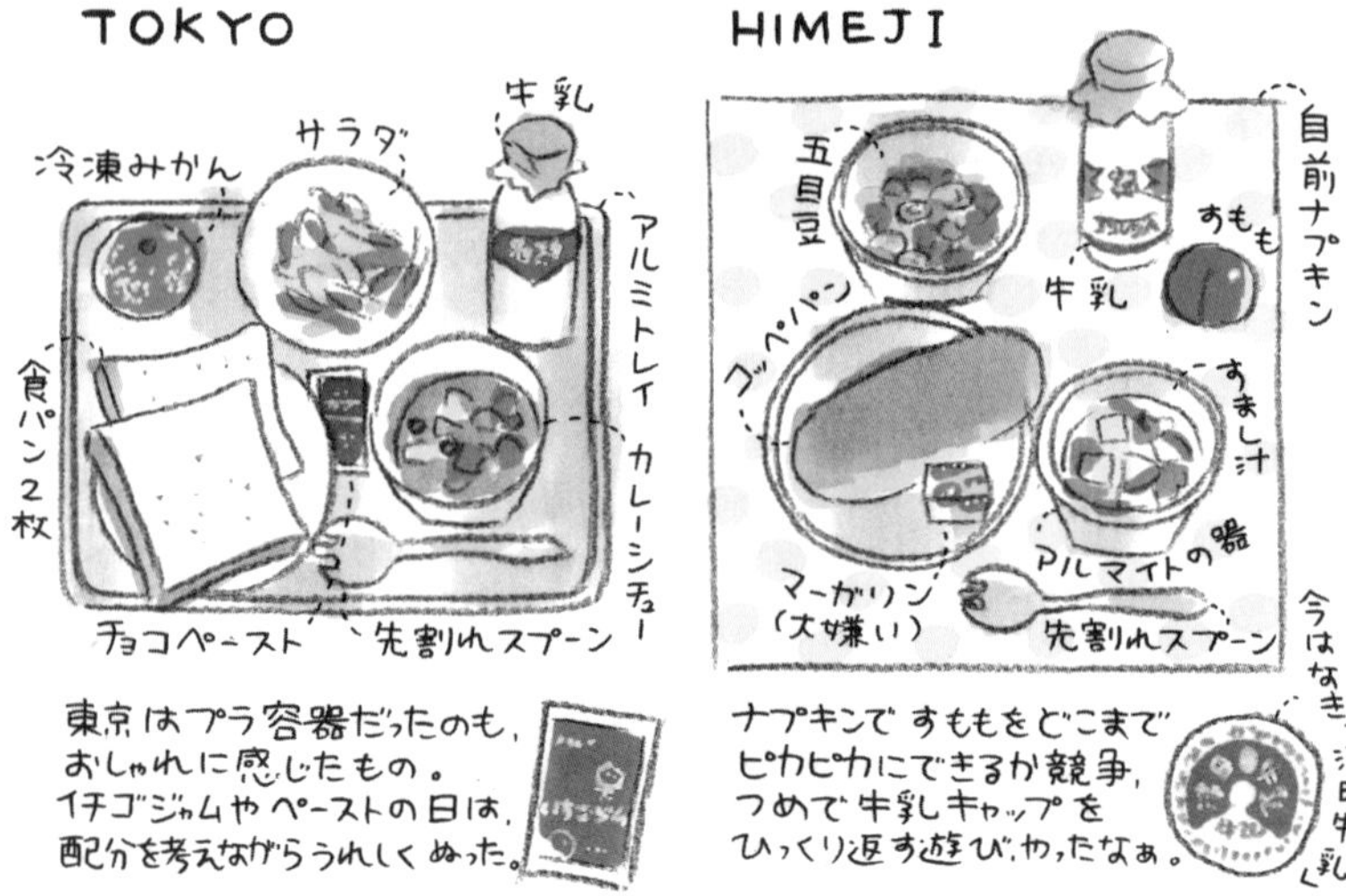
TOKYO
冷凍みかん
サラダ
牛乳
アルミトレイ
食パン2枚
カレーシチュー
チョコペースト
先割れスプーン
東京はプラ容器だったのも、
おしゃれに感じたもの。
イチゴジャムやペーストの日は、
配分を考えながらうれしくぬった。
HIMEJI
五目豆
牛乳
自前ナプキン
すもも
コッペパン
すまし汁
アルマイトの器
マーガリン
（大嫌い）
先割れスプーン
今はなき「津田牛乳」
ナプキンですもももどこまで
ピカピカにできるか競争、
つめで牛乳キャップを
ひっくり返す遊び、やったなぁ。

4年生の2学期から東京・杉並区の小学校に転入した私は、まず給食のパンのちがいにぶっ飛びました。姫路はパサパサのコッペパンだったのに、東京はふわふわの食パン。油っぽくない袋入りマーガリン、牛乳もおかずも数段おいしい。

「東京の給食、すごくおいしかった！」と、帰るなり母に報告。姫路より給食費が高いもの、と言われた記憶があります。男子に関西弁を真似されたり、当時流行っていたオーバーオールをはいていったら女子グループに囲まれて、「ナウいと思ってんの」と言われたり、転校生の洗礼をそれなりに受けていたので、しばらくは給食が唯一の楽しみでした。

でも、東京の給食でなにが好きだったのか全然思い出せない。青くさい牛乳や紙みたいなパン、姫路の給食のほうが鮮明に記憶に残っている不思議。

給食室から一式を教室まで運び込むのが大仕事。

重いスープ鍋をひっくり返して、ほかのクラスを回って少しずつもらう……とかありましたね。
現在、娘の学校は一式そろったワゴンが教室まで運ばれてくる。

好きだったメニュー。
揚げパンの日はビニール袋持参で、手袋にして食べた。
今食べてもおいしいかは甚だ疑問のソフト麺。

フニャフニャの麺を器に入れて、混ぜて食す。

牛乳を飲んでると、笑わせにかかるMくん。
東京に引っ越すとき、
手作りマスコットと
はじめてのラブレターを
もらいました。

漫画『おことちゃん』のおこと虫！

体育のある日は朝から体操着

SCHOOL UNIFORM
高校の制服

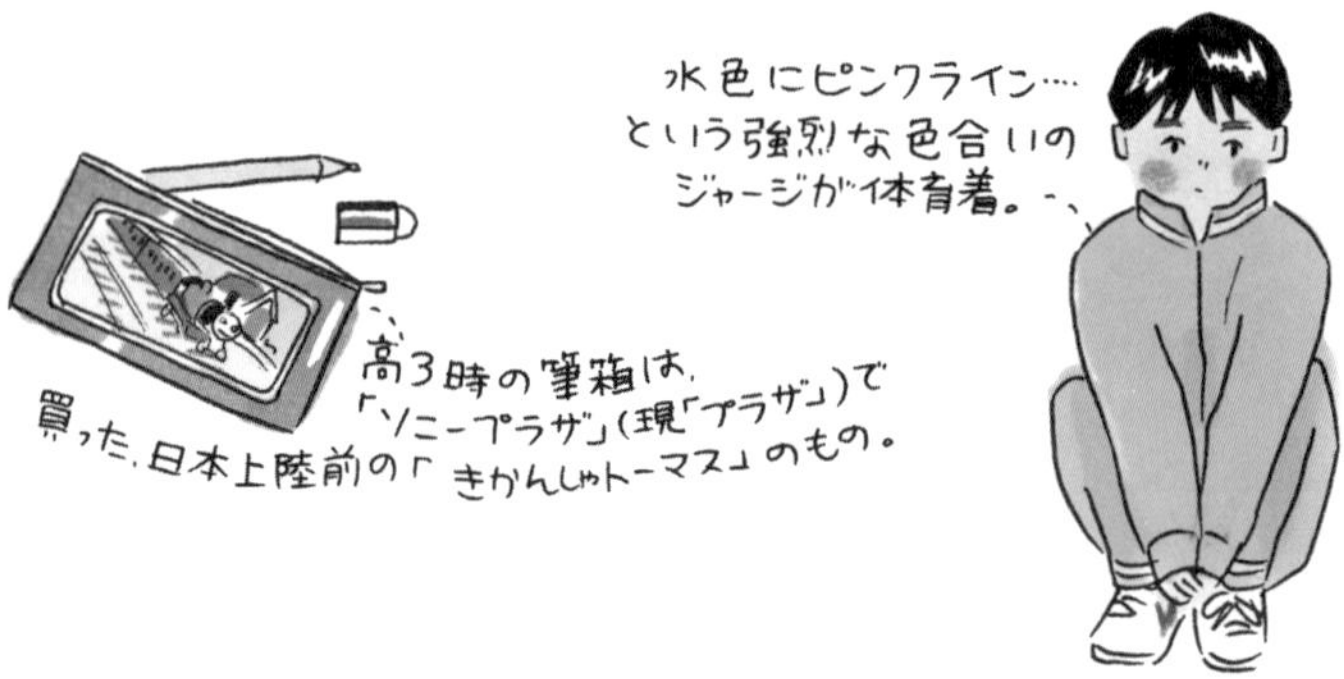
水色にピンクライン…
という強烈な色合いの
ジャージが体育着。
高3時の筆箱は、
「ソニープラザ」(現「プラザ」)で
買った。日本上陸前の「きかんしゃトーマス」のもの。

高校時代の制服は、私のひとつ上の代からデザインが変わりました。男子は詰襟で、女子は地味なブレザーとスカートだったのが、金ボタンのジャケットの、バブルっぽい制服に一新。

1980年代終盤の東京では、エンブレム付きのブレザーやタータンチェックのスカート、おしゃれな制服に切り替わる波がありました。デザイナーズブランドが手がけた学校もあって、話題になったもの。さらにひとつ下の代からは指定コートがダッフルに変わり、それがまたかわいかった。私は手持ちのダッフルコートで行っていました。

月に一度、朝の頭髪・服装チェックがあったけど、普段はわりとゆるい感じ。14クラスもあり、下町から八王子の奥まで各地から生徒が集まっていて、特に男子はおしゃれアメカジ風、ボンタン（この制服で！）と、着こなしのバラエティがすごかった。15年ほど前にモデルチェンジしたので、今はもう見ることのできない制服です。

紺ブレブーム
1980年代後半のアメカジブームから、キレカジ（キレイめカジュアル）に広がる中、1990～1991年ごろ金ボタンの紺のジャケットが爆発的に流行。

ソニープラザ
1966年銀座にオープン。輸入の化粧品やキャラクターグッズ、雑貨、お菓子などが並び、“ソニプラ”の文具を使うのがおしゃれだった。2007年に「プラザ」に改名。

男女共、指定コートは
ごついダッフル。
金ボタン、エンブレム
付きのブレザー。
卒業直後の一大
"紺ブレブーム"、
これを着て大学に
現れた強者が
いました……。
女子はベストに
ショート丈のジャケット。
襟だけ白い水色ブラウス
モデルは私が
知る中で最も早く
ルーズソックス的
靴下をはいてた
Yちゃん。パッツン
前髪のおしゃれ
オリーブ少女でした
（ワンレン女子が
多い中）。
おじさんぽい
ショルダーで、
ダッフル姿が台無し。
吉祥寺の「サマンサモスモス」で買ってもらったコート
デップであげた前髪
指定バッグは大きいほうもダサい
暑い
自転車通学で、水色のシャツの
汗が目立つのが嫌で、夏服も
ギリギリまでセーター。
紺のベストとリボンが、銀行の
制服みたいで
好きじゃなかった。
黒ナイロンのバッグを持つのがはやった
スカートはウエストで
2回折り込むと、
ひざ丈になった。

1985
14 years old

SHORT HAIR

ショートカット

サイドが刈りあがってて、攻めてる！
キョンキョンが表紙の『明星ヘアカタログ』1985年夏の号。着衣がなく、サイド、バックの写真も載ったまさに"ヘア"に特化したページがあった。
荻野目ちゃん…。岡田有希子さんに知世ちゃん、ショートのアイドルも多かった。

ずっとロングヘアだった小学校時代。高学年から中学入学のころは、母の趣味で前髪も伸ばしたひっつめ髪。ぎゅうぎゅうに結われるので目は吊り上がり、思春期特有のむくんだ顔で、人生でもっとも自分の顔が嫌いだった。

そんなおり、世は空前のショートカットブーム。1983年に聖子ちゃんカットからショートになったキョンキョンの影響はすごかった（その前年に聖子ちゃんもショートにしていたけれど）。

2年生になる前の春休み、バッサリショートカットに変身。身も心も軽く、自由になれた気がしてワクワクしたもの。ますますおしゃれが楽しくなって、一気に興味を持ちはじめたのでした。

今もショートの私、さっぱり切るとあのころと同じ気持ちになるのです。

『明星ヘアカタログ』
集英社のアイドル雑誌『明星』の姉妹版。1970年代後半に『あなたとスターのヘアカタログ』として創刊、1994年休刊。85年当時は季刊で、メイクBOOKの付録付き。

6つ上の姉も、同じころショートに。
段入りの
長めショート。
この髪型の女子、
多かった。
キョンキョン的
ショート。
ちなみに
キョンキョンと
同学年。
オーバーサイズの
ざっくりニット
母の
セーラーカラー
コート
私は友達の母上にディズニーランドに
連れていってもらったときのかっこう。

1983
12 years old

THE STRAWBERRY NEWS
いちご新聞

当時住んでいた社宅アパートから、自転車で2〜3駅ほど遠出しはじめたころ——

2つ先の駅の商店街で、「ファンシーショップほし」を見つけた日の興奮は忘れられない。近所にもファンシー文具のお店はあったけど、「ほし」はもっと品数が豊富。同行のTちゃんと二人の秘密にしたことも、ときめきました。

はじめて訪れた日に出合ったのが、『いちご新聞』。あまりのかわいさに衝撃を受け、購読することを決意。『りぼん』も毎月買っていたし、150円は手痛い出費。床拭き、社宅の外階段の掃除など30円、50円をもらえる労働をこなしたもの。

月に一度、「ほし」に新聞を買いに行くよろこび。グッズはあまり買えない代わりに、最新商品の紹介やイベントの速報などを新聞で眺めることで、大満足していたあのころ。

いちご新聞
サンリオの月刊機関紙。1975年創刊。読者は「いちごメイト」。田村セツコさんや青山みるくさんの連載、いちごの王さまのメッセージコーナーが印象的。挨拶はハーイ、チャバ!(こんにちは)。現価格は220円。

いちごのお家
1983年12月にオープンしたサンリオ直営のショップ。総タイル張りのいちご形のお店の中には、カフェスペースもあった。2011年老朽化のため閉店。

Denen-chōhu sta.
新聞を買いはじめた年に、田園調布にオープンした〝いちごのお家〟にTちゃんと電車で遠征したり、いちごメイトのパーティーに参加したり……情熱的な読者でした。
なにより、毎月2駅先のファンシーショップに自転車で通うのが楽しみでしょうがなかった。
お店のおばさんもやさしかったな。
ファンシーショップほし
Hoshi

1983
12 years old

TV, I & OSHIN
テレビと私とおしん

道徳の時間に
『明るいなかま』を
観ていたテレビで、
『おしん』。
先生、よく
観せてくれたな。
明るいなかま
扉つきの
棚だったと
記憶。

母が厳しくて、テレビはかなり制限されていました。末っ子の私はまだゆるかったけど、『8時だヨ！全員集合』はOKで、新しくはじまった『オレたちひょうきん族』はダメ、と謎ルールがあったり。母にとって得体の知れないものは、NGだったのでしょう。

小5、6のときに観たくてたまらなかったのが『積木くずし』や『スチュワーデス物語』など、話題のドラマ。友達の話に入っていけず、悲しかった。

そんな中、大ハマりしたのが『おしん』。苦手だった担任の先生に掛け合って、昼の再放送を教室のテレビで観せてもらうほどの情熱。シナリオは読破、サンリオのアニメ映画『おしん』も観に行って。渇いているぶん、好きになったらとことん、なのでした。

『明るいなかま』
1962年～1986年までNHK教育テレビで放映された、小学校高学年向けのドラマ。道徳の時間に15分間、この番組を見ていた。主題歌は今も歌える。

『おしん』
NHK連続テレビ小説（1983年4月～1984年3月）。全297話。脚本橋田壽賀子、小林綾子が少女期、田中裕子が青春期・成年期、乙羽信子が中・老年期を演じた。平均視聴率52.6%、最高視聴率62.9%。

夕方、少女編の再放送
（あまりの人気に急きょ
はじまった）を観る私。
子役の小林綾子ちゃんに
似てると言われ（髪型と
まゆげ…？）、うれしかった。
しかしこんな小さなテレビ
（14インチ）で家族5人、
よく観ていたなぁ。

おしん
NHK

記念のポストカード、長いこと取ってあった

母が渋谷の「NHK放送センター見学コース」に連れて行ってくれた。セットや衣装の展示。

テレビ、ピアノの上に物を置きまくる。
リモコンもなく、ガチャガチャ回すチャンネル。

橋田先生のぶ厚いシナリオも、図書館で借りて熱心に読みました。

NHK放送センター見学コース
1965年に開始した観光施設。1985年に「NHK展示プラザ」に改称。1995年に体験型の「NHKスタジオパーク」にリニューアル。2020年閉館。

USED WEAR
とにかく古着

かぎ編みレースのカーディガンとタンクトップ
「SAZABY」のリュック
細身のジャケット＋501が定番でした。
1991
高1のとき「シカゴ」で3800円で買った、「BIG MAC」のオーバーオール。
ヘンリーネックTシャツ

美術大学に入ってからは、古着ばかりの日々。お金はないし、まわりがみんなそうだったので、全身古着の日もザラ。当時は男の子たちのほうがうんとおしゃれで、こだわっていたなぁ。リーバイスのビンテージデニムが流行りはじめたころのこと。

よく行ったのは原宿の「VOICE」や「DEP'T」、「シカゴ」。おしりが大きいのを気にしていたので、34とかの大きなサイズの〝リーバイス501〟を、ベルトでしぼってはいていた。しかしストレートラインの501は、今思うと余計にでかさが際立つのであった。

大学4年の秋、クラスの15人ほどで旅行に行った写真があって、見事にみんな古着づくし。それぞれのおしゃれがとてもかわいく、楽しい。

DEP'T
1981年原宿にオープン。代官山、下北沢店もよく覗きました。雑貨もかわいかった。2011年閉店。オーナーの娘でデザイナーのeriさんが2015年に「DEPT TOKYO」として再オープン。

VOICE
1982年に原宿にオープン。メンズがメインだったけどデニムが豊富で、何本か買いました。2014年クローズ。

1993
TRIP SNAP
古着の「マクドナルド」ジャンパー。
カーゴパンツはアメ横で。
地方のスポーツ用品店で発見した、アーリー80Sの「ナイキ」。
スウェードジャケット、はやりました！
「リーガル」のサドルシューズがかわいい。
古着のドカジャンとミッキーのスウェット
作業着店のカーゴパンツ
キャップとスニーカーは「アディダス」
私は母の70年代のジャケットと、「VOICE」で買ったチェックのシャツ。
とにかくおしゃれなHちゃん。「アニエスベー」の革ジャンとニット。デニムのみ古着。私のおしゃれの先生でした。
「CHIPIE」のリュックに、デニムも古着。なんか……やぼったい。
小さめの古着コートをかわいく着こなす。

VALENTINE'S DAY
ドキドキの日

1989
高校2年生、はじめての彼には
はりきって オール手作り。
レースペーパーに手作りクッキー
HIROSHI ITO
ポスターカラーでくまさんカード♡
St. Valentine
まだ渋谷にしかなかった「LOFT」で
買った缶に、リキテックスで絵と名前を(仮名)。

はじめての本命チョコは、中学3年生。まわりにバレないようにあだなをつけて、キャーキャー言うのがとにかく楽しかった。私の好きな人は、当時人気があったカルロス・トシキ似だったので、〝カルロスくん〟。

なかよしのI子と「お互いチョコを渡そう！」と盛り上がってしまった。お菓子作りに無縁だった私が用意したのは、「HONEY」のチョコレート。外国風のポップでおしゃれなパッケージが大人気だった、お菓子メーカー。商店街の食料雑貨店で売っていたので、いくつかつめ合わせました。

前日の放課後、古典的にも下駄箱にそっとメモを入れて、公園に呼び出したっけ。その後しばらく文通した（同じ町なのに）、幼い恋の思い出。

HONEY
お菓子、雑貨のメーカー。1970年ごろに創業。代官山におしゃれ駄菓子「ハラッパA」、クリスマスがテーマの「クリスマスカンパニー」（現在別会社で営業）などのショップも展開していた。

カルロス・トシキ
日系ブラジル人歌手。1986年に「1986オメガトライブ」のボーカルとしてデビュー。『君は1000%』が大ヒット。素朴な風貌とたどたどしい日本語もかわいかった。

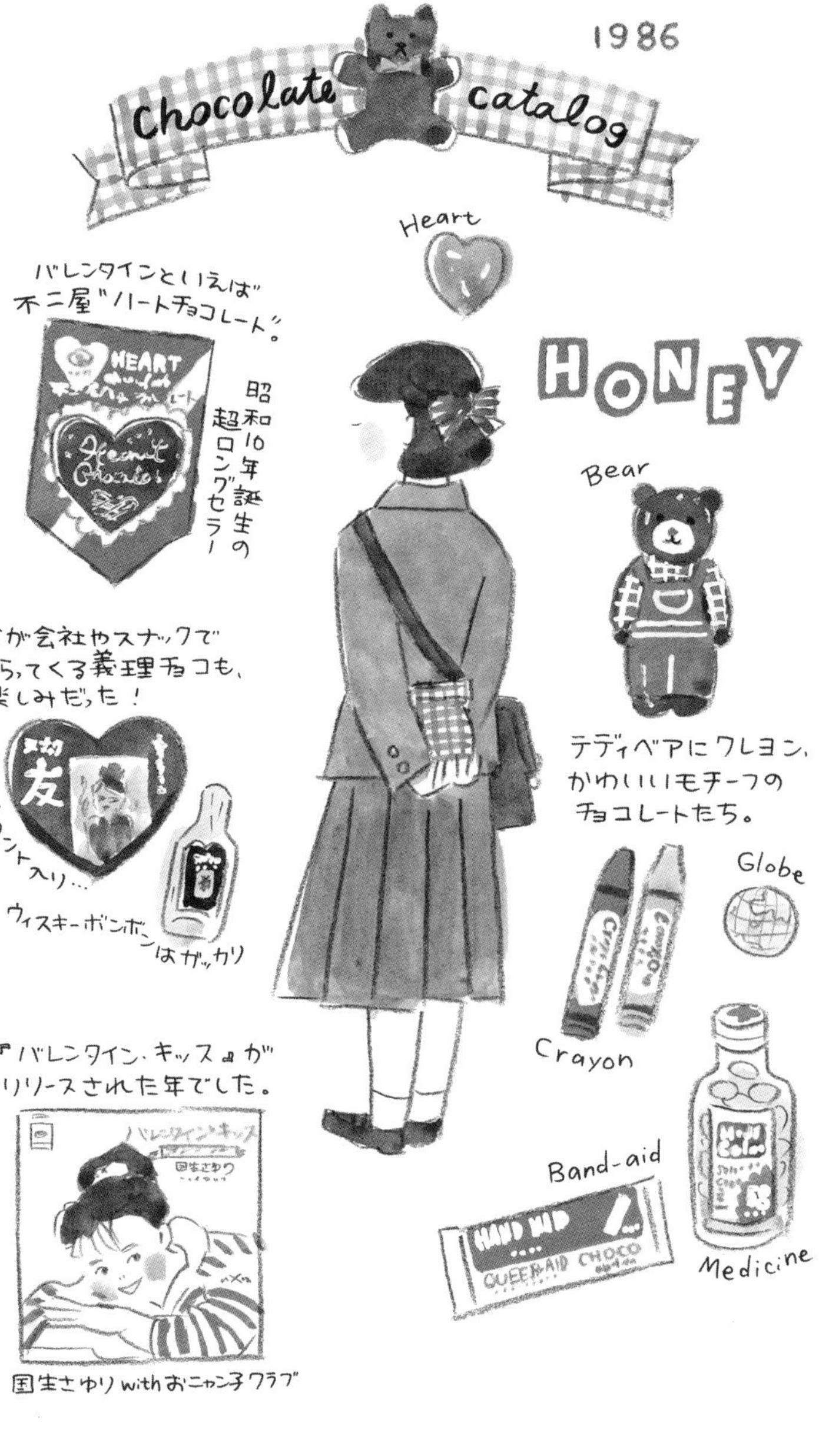
1986
Chocolate catalog
Heart
HONEY
Bear
バレンタインといえば
不二屋"ハートチョコレート"。
HEART
昭和10年誕生の
超ロングセラー
父が会社やスナックで
もらってくる義理チョコも、
楽しみだった！
友
ママのプリント入り…
ウィスキーボンボンはガッカリ
テディベアにクレヨン、
かわいいモチーフの
チョコレートたち。
Globe
Crayon
Medicine
Band-aid
CHOCO
『バレンタイン・キッス』が
リリースされた年でした。
バレンタイン・キッス
国生さゆり
国生さゆり withおニャン子クラブ

1987
16 years old

WEEKENDS
ウィークエンズ

みつあみゃ
おだんごヘアに
リボンをつけた、
ガーリーガールたちの
聖地でした。

中高大と、渋谷に行けば必ず立ち寄ったのが、雑貨店「ウィークエンズ」が入るビル。スペイン坂上の、「パルコパート3」前の角にあった煉瓦の建物。地下に少しお姉さんなアクセサリー「ドリーム・オブ・ドリームス」、上にはカフェ「A!CCHI-CHI」などが入っていました。

ロマンチックテイストあふれるアクセサリーショップで、カントリー調の樹脂製ブローチがずらりと並んでいました。中高生の私にとってはお値段が高く、ほぼ見るだけ。大好きな陸奥A子さんの漫画に出てきたくまさんバッグと、そっくりなショルダーバッグを見つけたときは欲しくてたまらなかったけど、泣く泣くあきらめたなぁ。アルバイト代が増えた大学生になって、ようやく少しずつ買えるようになったのでした。

渋谷パルコパート3
1981年オープン。2016年に一時休業。90年代初頭、『オリーブ』的ブランドショップが集まっていた。「パルコパート1」跡地と統合され、「渋谷パルコ・ヒューリックビル」として2019年に再オープン。

ウィークエンズ
1982年に原宿にオープン。私が通ったのは渋谷店の、グループ店舗が入ったビル。1989年ごろ地下にオープンした、カントリー雑貨「ハートマーケット」も大好きだった。

Terrier Dog
WEEKENDS
SINCE1982
Teddy Bear
Raggady Ann
「WEEKENDS」の
三大モチーフといえば
テリア、テディベア、ラガディアン。
Tawa chan
まねして作ろうか…と思ったけど、まぁ、無理よね。
当時リボンがはやり、地下の
「ドリーム・オブ・ドリームス」で
ワイヤー入りのおフランス製
リボンを50cmだけ買ったな。
フリフリ系の10代向けブランド、「Rich Girl」のセール品
似たデザインの
ものを他店で
買って満足していた。
1000円のイヤリング
陸奥A子先生の漫画「黄咲町
ラプソディ」のくまバッグ。
お店のは黒のベロア地だった。
大学生のとき
衝動買い。
さすがにテレくさく、
BDシャツとデニムの
男の子っぽい
格好に
合わせてた。
こんなバッグもありました。

「黄咲町ラプソディ」は『ため息の行方』（りぼんマスコットコミックスDIGITAL）に収録。

X'MAS IN SHOWA
昭和のクリスマス

クリスマス・ディナー
コタツと座イスの食卓に鶏のもも肉
グリルとケーキ、普通にみそ汁とごはん。
ケバケバしい電飾
モールのオーナメント♡
"プラッシー"でカンパイ!

小6のときの日記に、クリスマスの一日が書かれたページがあります。25日は日曜日。家族5人の中で一番に起きて、枕もとのプレゼントを開けるところからスタート。毎年中身をリクエストしたおぼえはなく、サンタさんのチョイス。日記によると、「うは〜うれし♪」と素直に大よろこび。

午前中から、クリスマス会の準備。友達の家の敷地にあったアパートの空室で、女子5人で集まって、買い出しに行ったり、飾りつけしたり。ホットプレートでお好み焼きや焼きそば、クレープを作り、途中小学校の校庭開放で遊んで。プレゼント交換では、もらったものに「うれぴ〜っ!　新学期に持ってくんでえいっ!」と、ご機嫌な記述。目いっぱい、楽しんだのでした。

ジンジャータウン
文具メーカー「KOKUYO」のキャラクター。動物たちの街の様子が、シックな色合いで描かれていた。1980年ごろ発売され、人気を博した。

プラッシー
1958年に武田薬品工業が売り出した、オレンジ果汁入りジュース。米穀店と自動販売機を中心に販売。うちもお米屋さんが届けてくれてた。1980年代に生産中止→1998年に復活→2021年に終了。

サンタさんのプレゼント★
サイン帳は卒業時に、クラスのみんなに書いてもらった。
GINGER TOWN
大人っぽい色づかいが好きだった"ジンジャータウン"のサイン帳、タオル、巾着。ピーターラビットの布張り日記帳。
GINGER TOWN
DIART
お気に入りの犬のぬいぐるみとそっくりな、ミニぬいぐるみ。
中学入学とともに使った
JOE PREPPY
プレゼント交換★
200円のカップと、ハンカチで作った巾着。
友達からは、スヌーピーのノートと、ゾウ柄の巾着。とにかく巾着!

1992
21 years old

YEARNING FOR GIRLY
憧れの世界

架空のワンピース屋さん
「Hussy Fish」(おてんばな
魚)の夏のコレクションとして、
シネマスタイルを提案。
今と変わらない。

パッチワーク的デザイン。
"Hussy"っていい意味じゃ
ないみたい〜。

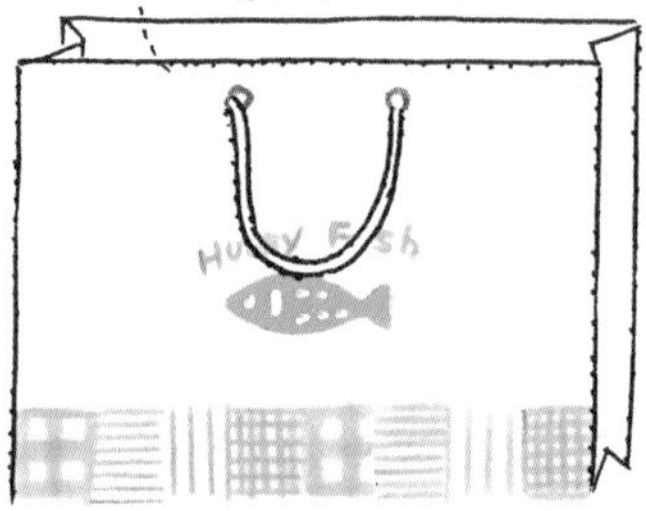

大学3年時の授業で、架空の事業を作って、ブランディングからパッケージなどをトータルに製作する課題がありました。発表会に向け、私はそのころ熱心に取り組んでいたシルクスクリーンで、カタログやポスター、紙袋、ノベルティの包装紙などを製作。

私が考えたのは、ワンピース屋さん。古着とオリジナルワンピース、それに合わせる小物のお店。古着のデニムとシャツでインクにまみれていたけど、そのころからガーリーなものに惹かれていました。古着で買うのも、ワンピースやレースブラウスなどに変化。男顔とりりしいまゆ毛で、いまいち似合わないのだけど……。そのころの自分の憧れをつめ込んで、せめて紙の上で、夢のお店を作りあげたのでした。

ポスターはこんな感じのきせかえのイラスト。

刺しゅうのカーディガン
母から
もらった
かごバッグ
IVYっぽくて
好きだった
一枚。
「DEP'T」で
4800円
子どもが着そうな
形のワンピース。
「FAKEα」
で3800円
足の太さがコンプレックスだけど、
ソックスナローファーに合わせたい。
古いプラスチックのにおいが取れない
お花かごバッグ
「ハートマーケット」の
お花ゴム
4800円
大好きだった花レースの
ブラウス。
「DEP'T」で見つけたこけし&
提灯柄のワンピ！ その後
こけし好きになるとは露知らず…。

ZEAL
熱中時代

バイブル

小学館ミニレディー百科シリーズ『少女まんが入門』（初版76年）は漫画乙女の必須アイテム。

この本の影響で、今も顔の下絵に十字を入れるよ。

肉筆漫画雑誌

「いもか（あだな）のスクリブリングノート」"落書き"を和英辞書で調べてタイトルをつけた。友達に回覧（昔から見せたがり）。

4～5冊あったのに行方不明。

幼児期から「絵描きさんになりたい」と、絵ばかり描いていた私。"漫画家"という本気の夢を持ったのは小学5年生で、肉筆漫画雑誌を制作。大学ノートにラブコメ、心霊もの、4コマといくつか連載漫画を描き、悩み相談やお便りコーナー（捏造）ももうけた力作。

その後お年玉で原稿用紙やGペン、スクリーントーンなどを買い揃え、大真面目に『りぼん』の漫画スクールに応募しようとしていました。恋愛ものを描きはじめたら表紙だけで姉兄に爆笑され、頓挫。次に取り掛かった祖母・孫感動ものも、最後まで描けなかった。

中学に入ると部活や勉強の忙しさで夢は立ち消えてしまったけれど、漫画に明け暮れた2年間、はじめてなにかに熱く打ち込む経験をしたのでした。

りぼん漫画スクール
現「りぼんまんがスクール」。雑誌『りぼん』の漫画投稿ページ。毎月賞金、賞品付きの賞の発表が載った。1983年当時は、切手を送ると応募者全員に豪華作家陣によるテキスト集がもらえた。

原稿一作目はラブコメ！
描いてる絵と同じ顔になっちゃう☆
ギャハハ
Ane
Ani
英語でタイトルを書いたら……
Beibiって…… "Baby"が〜〜
二作目の祖母・孫感動ものも……未完でおわる。
祖母を疎む孫娘。川で溺れ、祖母が飛び込み助ける！という展開。
結局投稿には至らなかったけど、漫画スクールのテキストは取り寄せました。
わ、ほしい♡
TEXT BOOK
陸奥A子
漫画って…むずかしい。
陸奥A子先生の、キャラクターの作りかた。いろんな先生のがあったのに、これしか残ってない……。

15歳の漫画本棚

教室で『アイドルを探せ』を読む15歳。

『なかよし』→『りぼん』→『別冊マーガレット』→『ぶ〜け』→『mimi』→『YOUNG YOU』と20歳過ぎまで漫画雑誌を買い続け、まったくマニア気質はないけれど、漫画はずっと読んできました。

15歳の私が好きだった漫画たち（陸奥A子先生は省いています）。

少女漫画からははずれるけど、藤子不二雄Ⓐ先生の『まんが道』もバイブル。

原稿を落としまくるエピソードは、締切を守るいい教訓になっています。


『mimi』

講談社1975年〜1996年。おおの藻莉以先生の『くにたち物語』（未完）は愛蔵書。


『まんが道』

私が持っていたのは中央公論社の愛蔵版『まんが道』（1986〜1987年）。トキワ荘と寺さんに憧れた。


『ぶ〜け』

集英社1978年〜2000年。他誌の漫画の総集編が売り。逢坂みえこ先生の『永遠の野原』が好きだった。


『YOUNG YOU』

集英社1986年〜2005年。陸奥先生や小椋冬美先生、元『りぼん』のスター作家が描いていた。

ガラスの仮面　美内すずえ　（白泉社）1976年〜

人生で一番読んだ本……だと思う。コミックスをとびとびで持っていて、中でも華やかな芸能界入りの15巻と、一気に転落する16巻が忘れられない。マヤのセリフがすらすら出てくる人とは、すぐなかよくなれる。多分。井の頭公園の野外ステージを見るたびに、『真夏の夜の夢』パックを想います。未だ未完で、最新刊を待ち続けております。

すーぱあキッド　谷地恵美子　（白泉社）1981〜1984年

同じ社宅の子から借りていた『花とゆめ』の中で、ひときわスタイリッシュな漫画を描いていたのが、谷地恵美子先生。ロンドン好き、パンク好きな谷地先生が描く、主人公の小学生男子3人組のお洋服がとにかくおしゃれ。好きなキャラは、グラサン兄の七生。シャイでやさしく、料理上手。

森子物語　岩館真理子　（集英社）1983年

姉がファンだったので80年代の岩館作品はひと通り揃っていて、『4月の庭の子供たち』（1981年）、『えんじぇる』（1983年）と大好きな作品がたくさん。現実から逃げ出したい……と、自意識過剰と妄想が暴走する森子。頑固でわが道しかいけない、ひと癖ある女の子を描かせたら右に出る者がいない岩館先生。絵の美しさ、おしゃれさも随一。

純情クレイジーフルーツ　松苗あけみ　（集英社）1982 ～ 1988年

女子校物語。実子たちと一緒に修学旅行に行ったかも……というくらい、入り込んで読んでいた。4人グループでつるんだりモメたり、いない子の悪口で盛り上がったり。女子特有の意地悪さや下世話なところがきっちり描かれているところが好き。小物にいたるまでかわいく描き込まれ、絵が本当にきれい。渋い小田島先生にときめきました。

ホットロード　紡木たく　（集英社）1986 ～ 1987年

中2当時に買っていた『別マ』で連載スタート。私、和希と同い年なんです……思い入れもひとしお。当時は「ヤンキー漫画」とアンチぶっていたけど、実際は夢中で読んでいた。光を感じる街の遠景描写など、まるで映画のよう。宏子さんがつけていた香水、“タクティス”ってどんな香りなのでしょう。

アイドルを探せ　吉田まゆみ　（講談社）1984 ～ 1987年

吉田先生の漫画は性の描写が赤裸々で、中学生には刺激的。母に「いやらしいものを読んで！」と生ゴミと一緒に捨てられた思い出が。こっそり救出した3巻（永江くん表紙）は今もしわしわのまま。チカのショートヘアや服がおしゃれで、もちろん美容院に持っていきました。吉田先生は留学モノの『エリー Doing!』（1981 ～ 1982年）も好きでした。

おわりに

巻末のふろくは、２０１４年に亡くなった安西水丸さんの追悼展に寄せた作品、「A to Z わたしのおきにいり」。２０１５年、イラスト専門の「パレットクラブスクール」の校長をされていた原田治さんの呼びかけで、水丸先生から学んだイラストレーターが集まり、「安西水丸とその弟子たち展」と題して築地「パレットクラブ」で展覧会をしました。

大学の水丸ゼミでの私の卒業制作は、「ファッションＡＢＣブック」。はじめたばかりのイラストの仕事とうまく両立できず、結局ＢからＴまで、と未完成のまま提出。それでもＡの評価をくれた先生に対して、不甲斐ない思いが残っていました。今度こそきちんと形にしよう、と好きなものについてのＡＢＣブック形式の作品を作ったのでした。

この作品がベースにあり、今回30年の節目を迎えるにあたり、仕事をはじめるまでの、少女時代のＡＢＣブックを作ることを思い立ちました。今現在の好きなことを描くのはただただ楽しいけれど、昔好きだったことを描くのは、少々しんどいことでもありました。過去の記録をひも解くと、あまりに幼い未熟な自分と対面しなければならないことも多く、身悶えするような思い。「ああ、はずかしい!!」どんどん記憶が薄れていくからこそ、人は生きていけるのだなぁ……とつくづく。

それでも、久しぶりに聴いた音楽、開いた雑誌、漫画、本。好きなものの大筋って、全然変わらない。これからも好きなものを追いかけて、イラストエッセイを、イラストレーションを描いていきたいです。

原田治
イラストレーター。1946年生まれ。“OSAMU GOODS”は今もって大人気。「パレットクラブ」は先生のご実家の跡地。2016年没。

次頁から、おまけページの 2015年のA to Zをお楽しみください……

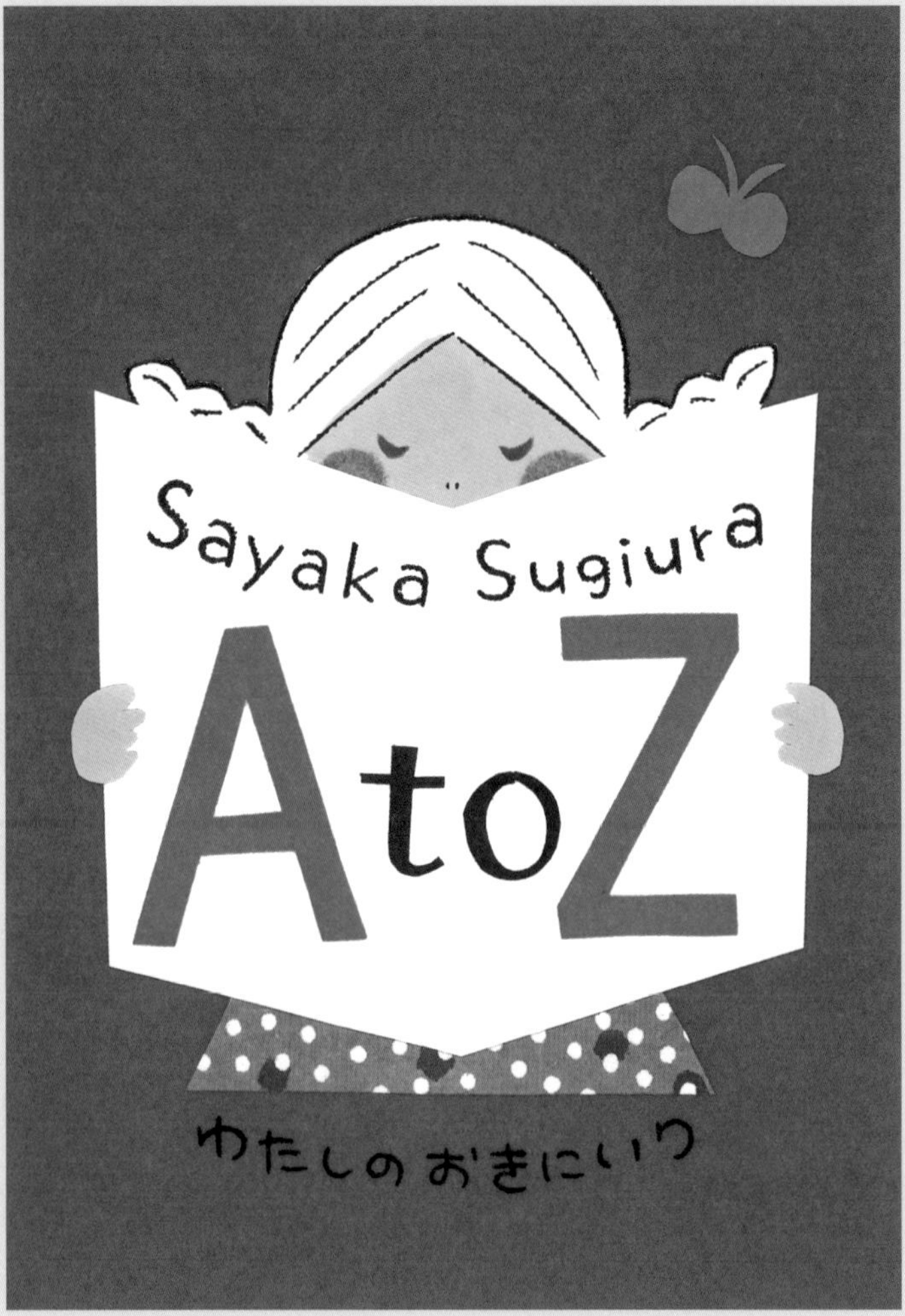
Sayaka Sugiura
AtoZ
わたしのおきにいり

Sayaka Sugiura

A to Z

illustration by Sayaka Sugiura

A anzai mizumaru
先生は背中を丸めて
いつもスーッとさりげなく
教室に入ってきた。
たいがい小1時間
遅れて、ときには
1時間たっても
あらわれず、
学校を出て駅に
向かっていたら
先生が向こうから
やってきて、
あわてて教室に
戻ったこともある。
たいした仕事量じゃない
私ですら、土日の
午後が丸々つぶれる
なんて、考えられない。
超売れっ子の先生が、
よく毎週来て
くださっていたなあ
（休講も多かったけど）。
課題の講評より、
イラストレーション界の
四方山話や
先生の武勇伝を↗
聞いたことが思い出深い。
夏の夕方、正門前の
コンビニに買いに走り、
教室でビールを
飲みながら先生を
囲んだことも。
先生が日芸で
教えるようになって
間もないころで、
図々しく懐に
飛びこんでいく
私たちの代を
おもしろがってくれた。
江古田の場末のスナックで
「銀恋」をデュエットしたのも
懐かしい思い出。
後年お会いしたとき、
「敬語が
使えるようになったな。
昔はひどかったぞ」と
笑われた。
無遠慮に先生と
話せた21歳の自分に
おののきつつ、
本当に楽しい1時間だった。

B
breakfast
パンを食べるのは
このときだけだから、
朝ごはんがまちどおしい。
CAMPBELLS
Perfect TEA
MPBELL'S
TEA

C classic houses
古い家を見かけると
頭の中で その家が若かったころに
タイムスリップしてみる。
こんな人間味あふれる家が並ぶ町を
歩いてみたい。

D
dishes
うちのなかで二大 すきな おさら

E early morning
毎朝4時には起きているので、
ときには早朝さんぽ。
個性的な おうちを
じろじろ眺めながら歩く

F
fancywork
メキシコの市場で手に入れた
アクリル糸の刺繍サンプラー。
デスクの前に飾って、
うっとり眺めている宝物。
ときどきわたしも
アップリケに
刺繍を
ほどこす。
へたっぴだけど、
夢中で針を刺す
時間が好きだ。

G
garden
うちには小さいけれど前庭がある。
ささやかな庭に咲いた草花をびんにさして飾るのは、わたしの大きなよろこび。
クリスマスローズ
モミジ
つるバラ
ぐんぐんふえるミント

H hope & glory
夜中にTVをつけたら
('87年/イギリス)を
長らく"一番好きな
懐かしい『戦場の小さな天使たち』
やっていた。16のときに観て以来
映画"だった作品。
戦時下の話なのにかなり笑えて、市井の人々の暮らしをあたたかく描いた、本当にいい映画。
主人公のビリー少年と妹のスー
…ガスマスク
40sの花柄がたまらん
ヘンな邦題のせいかDVD化されておらず、
15年ぶりくらいの観賞。
好きなものって、まったく色褪せないんだなぁ。

DVD、ブルーレイともに発売されているようです。

illustration
まっすぐ走ったり ぐるぐるまわったり、
娘のクレヨンが 力強く動く。
まだ形にはならない、なにかの線。
わたしも同じような年ごろから、
へやのすみで、ずっと絵を描いていたそうだ。
まわりを見ても、大人になってやりたいことって
だいたい子どものころに
決まっている気がする。

J jack up
1 お湯を沸かす
2 豆を挽く
豆はいろいろ。今日は「アアルトコーヒー」の。
3 沸いた湯をポットに
温度を下げる
4 お湯をまゆしいれる
粉をふくらませながらゆっくり
あせりは禁物……
絵を描く前に
シャキッと気分をいれかえるための
大切な儀式

K kokeshi

こけしを集めて二十年ほどになるけれど、
本当は和室の棚に一、二本だけ
ぽんと置かれているのが好き。
なにげない風景の中にこけしがあらわれると
とたんに空気がやわらぐ

L
laundry
洗濯から
はじまる朝。
いかに効率よく乾かすか
考えながら干す。
お天気の一日、
あれもこれもやっちゃおう。
とりこみながら
お日様のにおいを
いっぱいに吸いこむ。
今日もあっというま
だったなぁ、と
たたみながら思う。
洗濯のできない朝はいきおいがつかない。

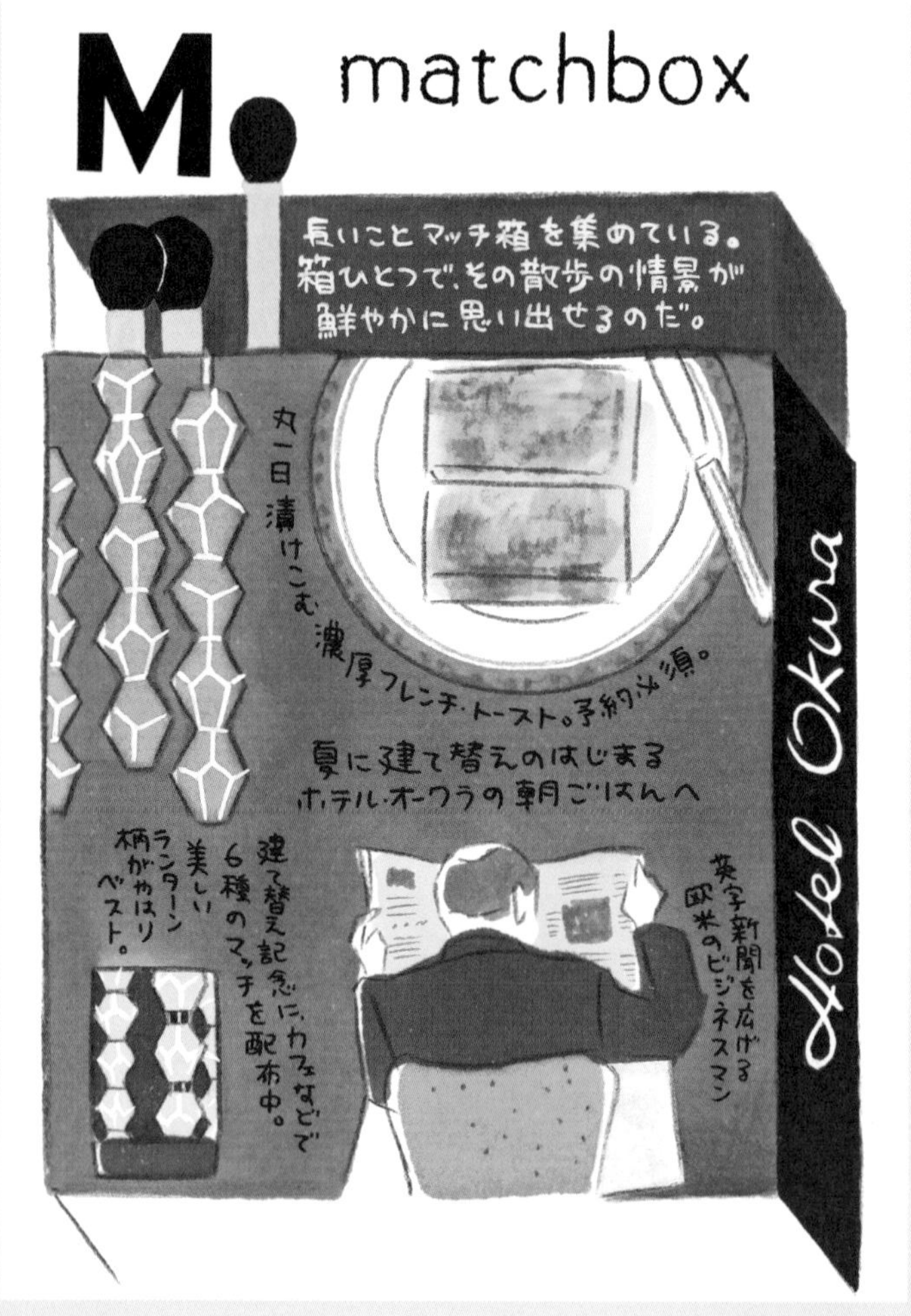

M.
matchbox
長いことマッチ箱を集めている。
箱ひとつで、その散歩の情景が
鮮やかに思い出せるのだ。
丸一日漬けこむ
濃厚フレンチ・トースト。予約必須。
夏に建て替えのはじまる
ホテル・オークラの朝ごはんへ
英字新聞を広げる
欧米のビジネスマン
建て替え記念にカフェなどで
6種のマッチを配布中。
美しい
ランターン
柄がやはり
ベスト。
Hotel Okura

N new year eve

たった一日を境に
いやがおうにもすっかり
刷新されてしまう、
それまでの緊張感と
切羽つまった感じが
大好きだ。
家を清め、買い出しをして、
お飾りを用意する
一連の準備も。
上は東北でも九州でも
見かける、藁の鶴亀。
来年のしめ縄は
これにしたいなあ。

O
older fork
エストニアの
野外博物館。
踊ったり
縫いものをしてたり
森や原っぱにいる
エキストラは
オールおばあさん。
かわいいおばあちゃん
好きの聖地。

P pierces

大学受験がおわった18の冬、念願のピアスを6つの穴あけた。
大ぶりのピアスが大好きで、出かけるときは必ず身につけていた。

ところが
出産後
アレルギーが
出てしまい、しばらく
つけクスリでいたら……
右の穴が
うまってしまった。
左もつけられる
状態ではなく、
今は3つしかない
イヤリングでがまん。

大量のピアスに別れを
つげ、イヤリングに
シフトするか、ほとぼりが冷めたころにまた穴をあけるか。
あーあ、ピアスは顔の一部だったのに……。

Q quality heels
歩きやすいヒール靴に 去年ようやく出会えた。
子どもっぽくないリボンのついた
デザインも
言うことなし。
NAOTの"PLEASURE"をはくと、踊りだしたくなるくらい。

R rustic souvenir shop
Italia
観光地では、ひっそりとした
古いみやげもの店を探す。
店の奥に、何十年も
わたしを待っていたものと
出会えることがあるから。
Greece
Ginzan
Germany

S short hair

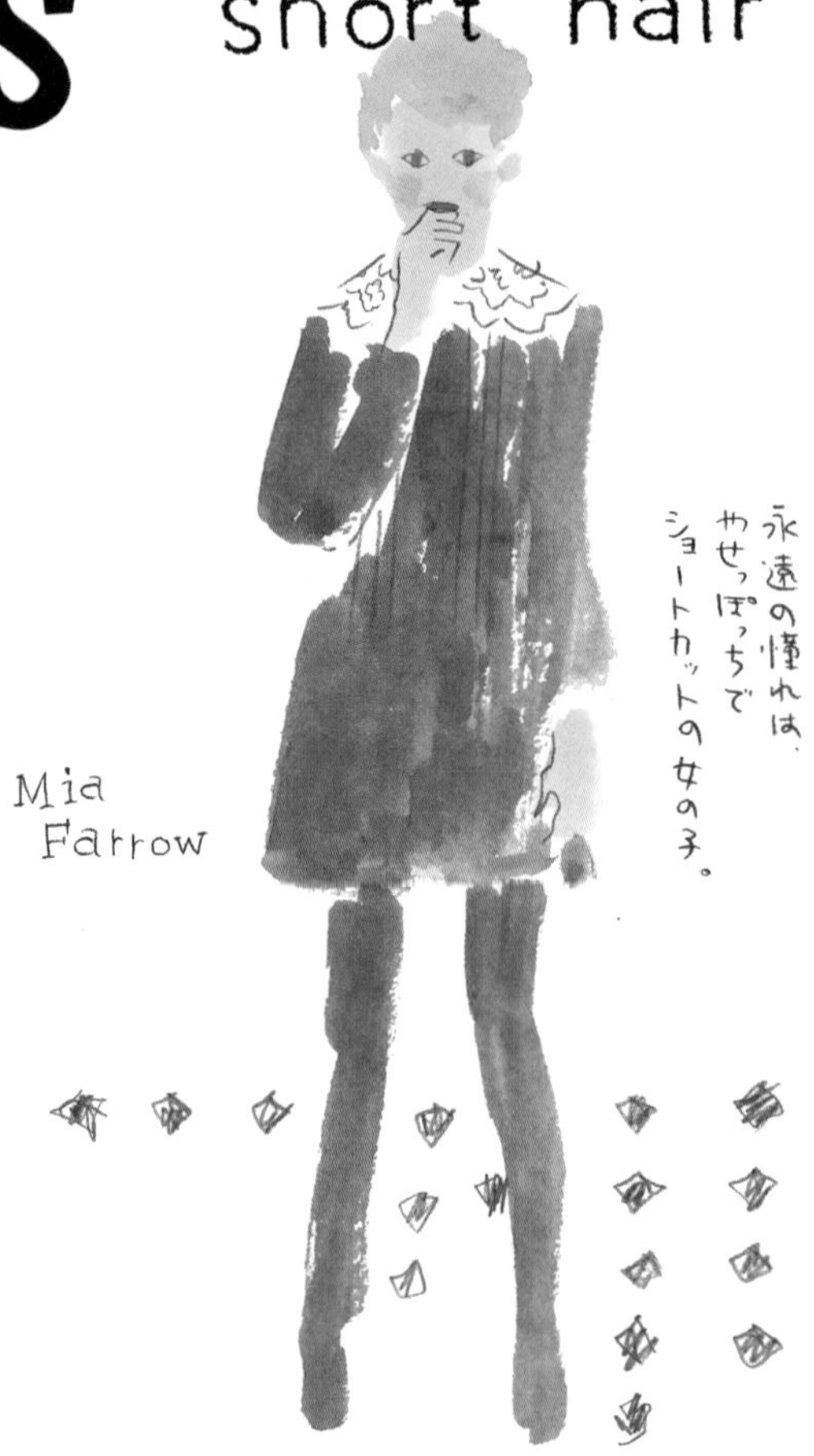
永遠の憧れは、
やせっぽっちで
ショートカットの女の子。
Mia
Farrow

T tonkatsu
一番好きな食べものを聞かれたら、
迷わずとんかつと答える。
外食はたいがい。
誕生日は絶対。
老舗を訪ねたりもしたけど、
そこらのチェーン店で十分。
わたしが愛してやまない「きのや」は佐賀のチェーン。
デパートの食堂街のそんな店はお年寄りでいっぱい。年配の人も好きなんだなあ。
甘いソースも大好き。
築地「かつ平」ののれん、カワイイマークの店が多いのもいい。

U usual town
エビスミナミグチテンデ
ソトノミ
ワタシノアイスル♥
ニシオギ
ソラトブゾウサン
ガチコロ
ベーグル
サカモトヤノカツドン
ノチ…
ドングリノ
コーヒー
ワタシノ
タカラバコ
サウス・アベニュー

V
vacation
2月のおわりに行ったワイキキ。ロイヤル・ハワイアンホテルが
あんまりすばらしくて、ホテルから出なくてもいいくらいだった。

W
wrapping
包みたいから
贈るのかも…

X xtian goods

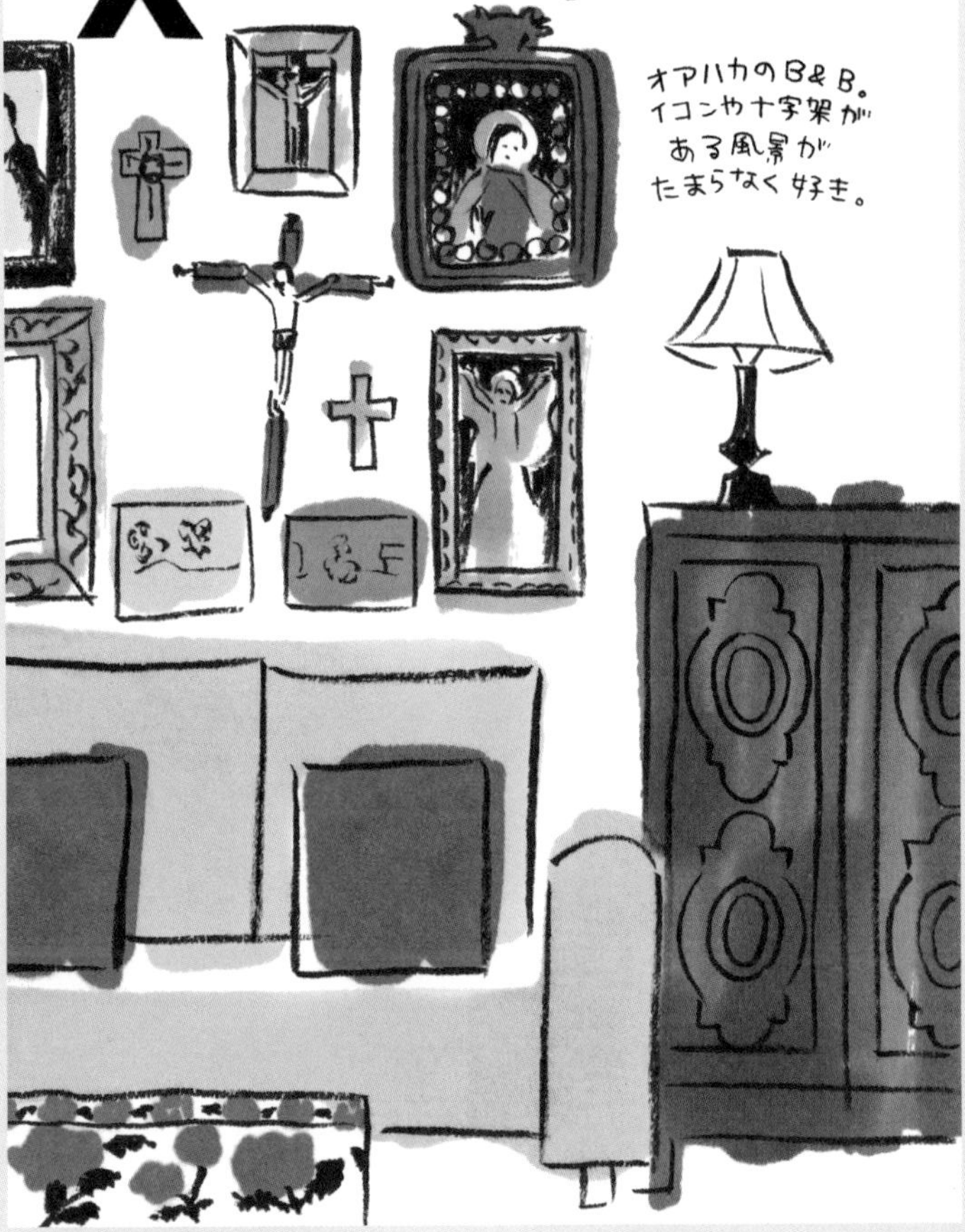
オアハカのB&B。
イコンや十字架が
ある風景が
たまらなく好き。

Y
yearning
イラストエッセイを描くうえでもっとも影響を受けたのは
陸奥A子さん、長谷川町子さん、もんさん。憧れの3人。

Z

Sayaka Sugiura

A to Z

著者 ── 杉浦さやか
発行 ── パレットクラブ PALETTE CLUB
104-0045 中央区築地4-11-10
TEL·FAX 03-3542-8099
発行日 ── 2015年5月8日

「安西水丸とその弟子たち展」によせて

Sayaka Sugiura 2015

すきなもの たのしいこと A《エイ》 to《トゥ》 Z《ゼット》

—'80s~'90s少女《しょうじょ》カルチャーブック

2023年10月10日　初版第1刷発行

著　者　杉浦《すぎうら》さやか © Sayaka Sugiura 2023

発行者　辻浩明《つじひろあき》

発行所　祥伝社《しょうでんしゃ》

〒101-8701　東京都千代田区神田神保町3-3
03(3265)2081(販売部)
03(3265)1084(編集部)
03(3265)3622(業務部)
祥伝社のホームページ　www.shodensha.co.jp

装　丁　畠山香織

写真提供　著者

印　刷　萩原印刷

製　本　ナショナル製本

ISBN 978-4-396-61812-4　C0095 Printed in Japan

・「まえがき」一部初出：MOE2008年12月号（白泉社）

杉浦さやかの本
祥伝社

単行本 **たのしみノートのつくりかた**

杉浦さやかの原点、“ノートづくり”のすべてを大公開!
実際の日記や各種ノートもお見せします。
『スクラップ帖のつくりかた』16年ぶりのリニューアル版

単行本 **ニュー東京ホリデイ**
旅するように街をあるこう

おいしい、かわいい、ちょっとレトロな、とっておきスポット、
9エリアから158カ所を紹介!

文庫版 **世界をたべよう!**
旅ごはん

もう一度たべたい! 行きたい!
世界25カ国、国内24軒をイラスト&エッセイで。
妄想旅行のおともにも!

すくすくスケッチ

生意気だけど
かわいくて。
著者初めての
子育てエッセイ

単行本

結婚できるかな?
婚活滝修行

37 歳。独身
イラストレーターの
婚活から結婚まで

文庫版

ひっこしました
わたしの暮らしづくり

部屋探し、収納術…
暮らしづくりの
ヒントが満載!

文庫版

わたしのすきなもの

さあ、今日は
何をしようかな?
50コの「わたしのすき
なもの」

文庫版